Managementwissen für Studium und Praxis

Herausgegeben von
Professor Dr. Dietmar Dorn und
Professor Dr. Rainer Fischbach

Lieferbare Titel:

Anderegg, Grundzüge der Geldtheorie und Geldpolitik

Arrenberg · Kiy · Knobloch · Lange, Vorkurs in Mathematik, 2. Auflage

Barth · Barth, Controlling

Behrens · Kirspel, Grundlagen der Volkswirtschaftslehre, 3. Auflage

Behrens · Hilligweg · Kirspel, Übungsbuch zur Volkswirtschaftslehre

Behrens, Makroökonomie – Wirtschaftspolitik, 2. Auflage

Blum, Grundzüge anwendungsorientierter Organisationslehre

Bontrup, Volkswirtschaftslehre, 2. Auflage

Bontrup, Lohn und Gewinn

Bontrup · Pulte, Handbuch Ausbildung

Bradtke, Mathematische Grundlagen für Ökonomen, 2. Auflage

Bradtke, Übungen und Klausuren in Mathematik für Ökonomen

Bradtke, Statistische Grundlagen für Ökonomen, 2. Auflage

Bradtke, Grundlagen im Operations Research für Ökonomen

Breitschuh, Versandhandelsmarketing

Busse, Betriebliche Finanzwirtschaft, 5. Auflage

Camphausen, Strategisches Management, 2. Auflage

Dinauer, Allfinanz – Grundzüge des Finanzdienstleistungsmarkts

Dorn · Fischbach, Operations Research, 3. Auflage

Dorn · Fischbach, Volkswirtschaftslehre II, 4. Auflage

Dorsch, Abenteuer Wirtschaft ·75 Fallstudien mit Lösungen

Drees-Behrens · Kirspel · Schmidt · Schwanke, Aufgaben und Fälle zur Finanzmathematik, Investition und Finanzierung, 2. Auflage

Drees-Behrens · Schmidt, Aufgaben und Fälle zur Kostenrechnung, 2. Auflage

Fiedler, Einführung in das Controlling, 2. Auflage

Fischbach · Wollenberg, Volkswirtschaftslehre 1, 13. Auflage

Götze, Techniken des Business-Forecasting

Götze, Mathematik für Wirtschaftsinformatiker

Götze · Deutschmann · Link, Statistik

Gohout, Operations Research, 3. Auflage

Haas, Kosten, Investition, Finanzierung – Planung und Kontrolle, 3. Auflage

Haas, Marketing mit EXCEL, 2. Auflage

Haas, Access und Excel im Betrieb

Haas, Excel im Betrieb, Gesamtplan

Hans, Grundlagen der Kostenrechnung

Hardt, Kostenmanagement, 2. Auflage

Heine · Herr, Volkswirtschaftslehre, 3. Auflage

Hildebrand · Rebstock, Betriebswirtschaftliche Einführung in SAP® R /3®

Hoppen, Vertriebsmanagement

Koch, Marketing

Koch, Marktforschung, 4. Auflage

Koch, Betriebswirtschaftliches Kosten- und Leistungscontrolling in Krankenhaus und Pflege, 2. Auflage

Laser, Basiswissen Volkswirtschaftslehre

Martens, Statistische Datenanalyse mit SPSS für Windows, 2. Auflage

Martin · Bär, Grundzüge des Risikomanagements nach KonTraG

Mensch, Investition

Mensch, Finanz-Controlling, 2. Auflage

Mensch, Kosten-Controlling

Peto, Grundlagen der Makroökonomik, 13. Auflage

Piontek, Controlling, 3. Auflage

Piontek, Beschaffungscontrolling, 3. Aufl.

Plümer, Logistik und Produktion

Posluschny, Controlling für das Handwerk

Posluschny, Kostenrechnung für die Gastronomie, 2. Auflage

Rau, Planung, Statistik und Entscheidung – Betriebswirtschaftliche Instrumente für die Kommunalverwaltung

Reiter · Matthäus, Marktforschung und Datenanalyse mit EXCEL, 2. Auflage

Reiter · Matthäus, Marketing-Management mit EXCEL

Rothlauf, Total Quality Management in Theorie und Praxis, 2. Auflage

Rudolph, Tourismus-Betriebswirtschaftslehre, 2. Auflage

Rüth, Kostenrechnung, Band I, 2. Auflage

Sauerbier, Statistik für Wirtschaftswissenschaftler, 2. Auflage

Scharnbacher · Kiefer, Kundenzufriedenheit, 3. Auflage

Schuster, Kommunale Kosten- und Leistungsrechnung, 2. Auflage

Schuster, Doppelte Buchführung für Städte, Kreise und Gemeinden, 2. Auflage

Stahl, Internationaler Einsatz von Führungskräften

Stender-Monhemius, Marketing – Grundlagen mit Fallstudien

Strunz · Dorsch, Management

Strunz · Dorsch, Internationale Märkte

Weeber, Internationale Wirtschaft

Wilde, Plan- und Prozesskostenrechnung

Wilhelm, Prozessorganisation, 2. Auflage

Wörner, Handels- und Steuerbilanz nach neuem Recht, 8. Auflage

Zwerenz, Statistik, 3. Auflage

Zwerenz, Statistik verstehen mit Excel – Buch mit CD-ROM

Excel im Betrieb

Gesamtplan

von

Prof. Dr. Peter Haas

Oldenbourg Verlag München Wien

Bibliografische Information der Deutschen Nationalbibliothek

Die Deutsche Nationalbibliothek verzeichnet diese Publikation in der Deutschen Nationalbibliografie; detaillierte bibliografische Daten sind im Internet über <http://dnb.d-nb.de> abrufbar.

© 2007 Oldenbourg Wissenschaftsverlag GmbH
Rosenheimer Straße 145, D-81671 München
Telefon: (089) 4 50 51-0
oldenbourg.de

Lektorat: Wirtschafts- und Sozialwissenschaften, wiso@oldenbourg.de
Herstellung: Anna Grosser
Coverentwurf: Kochan & Partner, München
Gedruckt auf säure- und chiorfreiem Papier
Gesamtherstellung: Books on Demand GmbH, Norderstedt

ISBN 978-3-486-58429-5

Vorwort

Einen Computer mit Programmen kann man als System auffassen, das Ordnung schafft oder eine bestehende auf eine höhere Ebene befördert. Dem „ordinateur" im Französischen und „ordenador" im Spanischen (jeweils „Ordnungsinstrument") entspricht im Deutschen das Wort „Rechner".

Zwar bilden Zahlen in digitaler Darstellung die Basis. Dennoch sind Funktionen wie Sortieren, Editieren von Texten, Bearbeiten grafischer Objekte, Suchen oder Aufbau von Strukturen in verschiedensten Erscheinungsformen für viele Computernutzer unverzichtbar.

Besonders die Tabelle als vorherrschendes Ordnungsprinzip von Excel dient dazu, betriebliche Elemente und Abläufe überschaubar und steuerbar darzustellen. Hierin liegt ein vorrangiges Ziel dieses Buches.

Die dabei zu schaffende äußere Ordnung fördert bei Menschen die Herstellung innerer Ordnung. Und dies wirkt sich günstig auf sachliche und menschliche Beziehungen im Betrieb aus. Die Fähigkeit wächst, Entscheidungen zu treffen, die auch kritischer Beurteilung nach Jahren standhalten.

Für ein EDV-System kommt es darauf an, dass es reibungslos läuft oder wenn eine Störung auftritt, sich diese schnell beheben lässt. Letzteres sollte möglich sein, ohne fremde Hilfe zu beanspruchen.

Beim benutzten Programm erweist es sich als günstig, wenn man dessen Strukturen selbst gestaltet hat. Ein leichter Einstieg soll anhand nachvollziehbarer Schritte zum selbständigen Aufbau von Tabellen anleiten. Seit zwei Jahrzehnten erweisen sich Ziffern zur Markierung von Entwicklungsstufen in Büchern als hilfreich. Daher stehen wieder am linken Rand entsprechende Nummern.

Die hier verwendeten Daten entstammen einem konkreten Betrieb. Nur so dürfte ein enger Bezug zur Realität entstehen. Beruhen doch auch in der Praxis Informationen, die durch derartige Anwendungsprogramme verwaltet werden, auf realen Fakten. Mit ihnen lässt sich anhand von Ist-Werten darstellen und analysieren, was in der Vergangenheit geschehen ist. Zusätzlich braucht man Plan-Zahlen. Sie basieren auf Annahmen. So entsteht ein Frühwarnsystem. Es soll beispielsweise anzeigen, wenn das Wachstum der Kundenanzahl nachlässt, die Preise bestimmter Produkte sinken oder der Wert von Aufträgen insgesamt oder bezogen auf Kunden- bzw. Artikelgruppen sich negativ entwickelt.

Falls Sie über wenig Erfahrung im Umgang mit Excel verfügen, kann es nützlich sein, die ausführlich dargestellten Schritte des ersten Teils am Computer nachzuvollziehen. Für den

Gesamtplan dürfte dann das Eintippen der angegebenen Formeln und Werte in die entsprechenden Zellen keine Schwierigkeiten bereiten. Auf meiner Homepage www.p-haas.de können Sie auch den dargestellten Gesamtplan herunterladen.

Mein Dank gilt Herrn Diplom-Physiker Rüdiger Weber für wertvolle Anregungen, Herrn Diplom-Betriebswirt/Diplom-Wirtschaftsinformatiker (FH) Heiko Fritz für die Mitarbeit bei der Erarbeitung des Layouts sowie für die harmonische Zusammenarbeit – beim inzwischen vierten Buch im Oldenbourg-Verlag – Frau Cornelia Horn und dem Leiter des Lektorats, Herrn Dr. Jürgen Schechler.

Inhalt

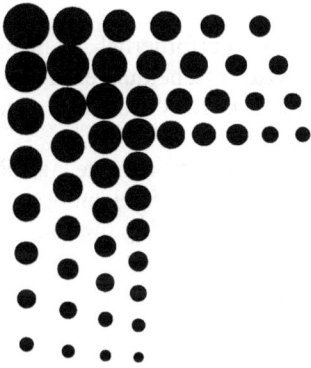

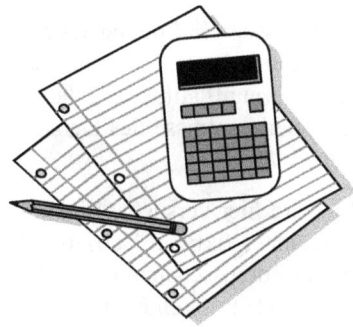

1   Grundlegung

„Da also alle Dinge verursachte und verursachende sind, da sie eine Stütze benötigen und eine Stütze geben, mittelbar und unmittelbar sind und alle sich durch ein natürliches und unmerkliches Band gegenseitig erhalten, das die am weitesten voneinander entfernten und die unterschiedlichsten miteinander vereint, halte ich es für unmöglich, dass man die Teile erkennt, ohne das Ganze zu erkennen, wie man auch das Ganze nicht erkennen kann, ohne die Teile im einzelnen zu erkennen." (Pascal S.138).

Zum Führen eines Betriebes sind Kreativität und Intuition erforderlich. Manchmal wohl auch Besonnenheit. Aber mitunter Kaltblütigkeit und Mut zu Entscheidungen. Daneben muss man ein grundlegendes Instrumentarium solide beherrschen. EDV-Tabellen gehören auch zu diesem Handwerkszeug.
Modelle stellen einen Teil der Wirklichkeit dar. Sie spiegeln bestimmte Aspekte der Realität - verkürzt und vereinfacht. Aber gerade diese Beschränkung hilft, einen besseren Durchblick zu bekommen. Eine Ordnung der Vielzahl von Fakten entsteht. Das für eine bestimmte Problemstellung Wesentliche wird aussortiert.

1.1   Ziele

Ziel wissenschaftlichen Bemühens und damit auch der Gewinnung betriebswirtschaftlicher Erkenntnis ist es, rational – primär unter Einsatz der Vernunft – vorzugehen. Seit Kant fasst man Vernunft auf, als „...das zusammenfassende Erkenntnisvermögen des Menschen, das die Einzelerkenntnisse des Denkens, Wissens und Verstehens zu einer Einheit verbindet". *(Harder, S. 1288)*

So wird hier versucht, Einheit herzustellen durch den Entwurf eines Gesamtplans. Am Beispiel eines fiktiven Betriebes soll die hier entwickelte Tabelle den Verlauf eines Geschäftsjahres vorausschauend abbilden. Als wesentlich anzusehende Bauelemente verschmelzen zu einem integrativen Konzept.

Was kann ein solches Modell leisten? Wir wollen bescheiden sein. Unser Betrieb erzeugt drei Produkte und verwendet dafür vier Ausgangsmaterialien. Es soll aber versucht werden, die wesentlichen Zusammenhänge möglichst vollständig wiederzugeben - soweit sie quantitativ erfassbar sind. So erfassen wir die Maschinennutzung und –leistung, die Gewinn- und Verlustrechnung, die Finanzströme und die Komponenten der Bilanz.

Hieraus resultiert letztlich doch eine gewisse Komplexität. Eine wesentlich einfachere und für den Einstieg leicht eingängige Tabelle des Gesamtplans finden Sie in meinem Buch (2000, 3. Auflage). Dort wird unter starker Abstraktion von der Realität mit nur einem Produkt und einem Material das Ineinandergreifen der Komponenten aufgezeigt.

1.2 Modellanforderungen

Bei der Gestaltung des Modells ging es darum, die in loser Anlehnung an Little (zitiert nach Diller 1992, S. 146) formulierten Anforderungen zu berücksichtigen:

Übersichtlichkeit im Sinne von Transparenz und einem erkennbaren „roten Faden" soll erzielt werden durch die Darstellung eines einzigen Fallbeispiels, das durchgängig mit einem einheitlichen zu Beginn gegebenen Zahlenmaterial arbeitet.

Einfachheit gilt es anzustreben. Ein Weg hierzu ist, theoretische Feinheiten - soweit vertretbar - wegzulassen und die wichtigsten Einflussgrößen einzubeziehen. Das Instrument der Tabellenkalkulation erweist sich hier – wie hinsichtlich der Übersichtlichkeit - als steuernd, ordnend und disziplinierend.

Vollständigkeit sollte aber ebenfalls in hohem Maße gewährleistet sein. So wird angestrebt, alle relevanten Größen einer zu lösenden Aufgabenstellung zu erfassen. Dazu dient beispielsweise bei den Gemeinkosten die Position „sonstiger Aufwand (Rest)" in der Zelle E70.

Robustheit stellt eine Anforderung dar, die zum Ziel hat, offensichtlich falsche Lösungen zu vermeiden. So gibt es Kontrollmöglichkeiten durch Verprobungen an verschiedenen Stellen (Darstellung in T-Konten, Identität von Überschuss bei GKV und UKV, Bilanzsummen etc.). Damit sollen Entscheidungen in der Praxis vermieden werden, die Verluste zur Folge hätten.

Anpassungsfähigkeit wird in dem Sinne angestrebt, dass dem Benutzer die Möglichkeit offen steht, die Eingabepositionen und deren Daten gemäß seinen Anforderungen, Denkmustern und Rahmenbedingungen zu ändern. Eine nützliche Tabelle erkennt man daran, dass sie zulässt, Zahlen bereitzustellen, die die jeweiligen betrieblichen Gegebenheiten adäquat ausdrücken. Besonders die Möglichkeit, mit „Einfügen" nachträglich Zeilen und Spalten in Tabellen aufzunehmen, stellt einen wesentlichen Vorteil derartiger Anwendungsprogramme dar.

Steuerbarkeit eines Modells erweist sich als besonders nützlich bei Simulationsaufgaben. Die Fragestellung „Was wäre wenn?" sollte an möglichst vielen Stellen der Tabelle durch einfache Eingabe von Daten gestellt werden können. So bringt die Variation vorhandener Einflussgrößen Einsichten bezüglich der Auswirkungen auf zahlreiche andere abhängige Größen.

Zum Zweck der zielorientierten Planung muss das Durchspielen verschiedenster Konstellationen eine ständig geübte Grundhaltung darstellen.

Prüfbarkeit wird als Forderung ebenfalls erfüllt, wenn die Modelldaten einen engen Bezug zur Praxis aufweisen. So kann sich durch einen Vergleich von Zahlen (quantitativen Begriffen) der Ausgangs- mit der Endsituation aber auch von Soll- mit Istgrößen erweisen, wie brauchbar unsere theoretischen Ansätze zur Darstellung, Analyse, Prognose und Beeinflussung praktischer betrieblicher Gegebenheiten sind.

Kommunikation schnell und direkt zu ermöglichen und zu fördern soll eine wichtige Funktion des Modells sein. In Anbetracht der Komplexität von Realsituationen kommt der Arbeit im Team besondere Bedeutung zu. Hier erweist sich die tabellenspezifische Benennung von Zellen aber auch die Konkretisierung von Rechenansätzen durch Formeln als besonders vorteilhaft.

Qualitative Begriffe wie Organisation, Betriebsklima, Vertragsinhalte, Standortfragen, Kundennähe spielen nur eine mittelbare Rolle. Diese können wie vergleichendes Denken mit komparativen Begriffen eine Brücke bilden zu Methoden des Rechnens unter Verwendung quantitativer Begriffe – und umgekehrt.

1.3 Konkretisierungsgrad

Der erste Teil der Planung (1. Personalplan bis 9. Planbilanz) orientiert sich an Erfordernissen des externen Rechnungswesens. Berücksichtigung finden:

- Drei Produktarten auf der Absatzseite

- Vier Materialarten auf der Beschaffungsseite

- Energie- und Müllaufwand in Abhängigkeit von Produktmengen

- Andere aktivierte Eigenleistungen

- Erhöhung der Betriebs- und Geschäftsausstattung

- Differenzierter Ausweis von sonstigen Aufwendungen

- Erhöhung der Darlehenssumme

- Darstellung des Cash Flows

- Erhöhung der Rückstellungen.

Ein zweiter Teil beginnend mit der Kostenspaltung bezieht Modelle des internen Rechnungswesens ein. Auch sie sollen helfen,

- Schwachstellen zu identifizieren

- Szenarien möglicher Entwicklungen darzustellen und

- Entscheidungen zu treffen.

Wir nehmen an, dass unser Betrieb die Produkte „ALPHA", „BETA" und „GAMMA" herstelle. Dafür sind folgende Daten jeweils bezogen auf die Erzeugung von einem Stück der jeweiligen Produktart zu erfassen.

1.4   Ausgangsdaten

a) Personalkosten

1) Es gilt, möglichst realitätsnah die stückbezogenen Personalkosten zu erfassen. In der Praxis werden mit steigender Produktionsmenge Degressionseffekte auftreten. So sinken erfahrungsgemäß durch Lerneffekte bedingt die Lohnkosten. Hier werden sie als proportional zur Ausbringung angenommen. Es sollten aber auch die Bemühungen der Mitarbeiter um Verbesserung ihrer Qualifikation honoriert werden. Dies gilt auch im Interesse des eigenen Betriebes. Engagiertes und durch vielfältige Erfahrungen gereiftes Personal ruft auch Konkurrenzunternehmungen auf den Plan. Ein Betriebsleiter erzählte mir, er habe oft Spitzenkräfte verloren, weil er seine Forderung nach Erhöhung der Entlohnung nicht beim obersten Chef hatte durchsetzen können. Dieser pflegte ihm entgegen zu halten: „Sie verteilen das Fell des Bären, bevor der Bär erlegt ist."

Der Aufwand wird unter Umgehung anderer Maßgrößen – wie Zeiteinheiten – direkt als Währungsangabe € bezogen auf ein hergestelltes Stück der jeweiligen Produktart angesetzt:

ALPHA   3,9 (Zelle B3)

BETA   5,2 (Zelle B4)

GAMMA 4,3 (Zelle B5)

b) Verkaufspreis

2) Den Verkaufspreis (VKP) unterstellen wir als konstant. Eine Differenzierung an dieser Stelle lässt die Tabelle in didaktisch ungeeigneter Weise komplizierter werden. Wir tragen ihn pro Einheit in Euro ein:

ALPHA: 112 (Zelle C3)

BETA: 68 (Zelle C4) und

GAMMA: 81 (Zelle C5).

3) Bei starken Preisschwankungen in der Vergangenheit erweist sich mitunter eine Recherche in der Datenbank als nützlich. Voraussetzung bildet die Existenz entsprechender Informationen und den Fähigkeiten, sie zu erschließen.

c) Absatzmenge

Datenübernahme aus einer relationalen Datenbank (hier: Access)

4) Zahlen der Datenbank „Auftrag" beziehen sich vor allem auf die Vergangenheit. Insofern erscheint es nicht sinnvoll, die Informationen für die anzusetzende Absatzmengen unkritisch aus einer relationalen Datenbank zu übernehmen. Bei Verwendung entsprechender Faktoren, die unsere Erwartungen in Zahlen ausdrücken, werden Zahlen der Datenbank nützliche Entscheidungshilfen bieten.

Hierfür wählt man in Access die Befehle:

- „Extras"
- „Office-Verknüpfungen" oder:
- „Datei"
- „Externe Daten" und
- „Tabellen verknüpfen".

In Excel lassen sich die übertragenen Zahlen weiterverarbeiten.

Produktionsmenge gleich Absatzmenge (Annahme)

5) Zunächst wird vereinfachend angenommen, dass unsere ganze produzierte Menge auch verkauft wird. Der Einbeziehung von Bestandsänderungen widmet sich Teil 13 (Kurzfristige Erfolgsrechnung).

Hier kommt es in der Praxis besonders auf wirklichkeitsnahe Prognosen der Sollstückzahlen an. Zu beachten gilt es stets: Die entscheidenden Faktoren auf der Absatzseite entziehen sich - trotz Marketing – oft dem Zugriff. Wettbewerb und Bedarf ändern sich oft unvorhersehbar. Ein Produkt wie beispielsweise Tiermehl kann wegen BSE durch Gesetz schnell vom Markt verschwinden. Die von Fluggesellschaften als sicher unterstellten Planzahlen für verkaufte Tickets bzw. Beförderungskilometer von Passagieren erwiesen sich nach dem 11.September 2001 als stark korrekturbedürftig.

6) Um die Breite der Spalten in der Tabelle nicht ausufern zu lassen, setzen wir die Werte in tausend Stück (TStk) an. Diese Vergröberung erscheint auch sinnvoll, da es sich um geschätzte Zahlen handelt. Schon hier soll darauf aufmerksam gemacht werden, dass sich beispielsweise beim Berechnen von Zuschlagssätzen erhebliche Rundungsabweichungen ergeben (Teil 3.11 Prozesskostenrechnung). Dies ergibt sich auch aus der von Excel mit 15 Stellen voreingestellten nicht angezeigten Rechengenauigkeit. (Änderung mit „Extras", „Optionen" , „Berechnung" und Genauigkeit wie angezeigt".)

ALPHA: 244 (Zelle D3).

BETA: 301 (Zelle D4) und

GAMMA: 84 (Zelle D5).

d) Umsatz

7) Den Umsatz ermitteln wir durch Einbeziehung von Preisen. Ähnliches gilt wie bei den Prognosen zu Absatzmengen. Die anzusetzenden zukunftsbezogenen Zahlen bergen je nach Wirtschaftszweig, Unternehmensgröße etc. mitunter erhebliche Unsicherheiten und damit Risiken. Für ALPHA setzen wir die Formel:

=c3*d3 (Zelle E3) und erhalten den Wert in a mit 27328; für BETA:
=c4*d4 (Zelle E4) Wert a 20468 und für GAMMA:
=c5*d5 (Zelle E5) Wert a 6804.

	A	B	C	D	E
1	**GESAMTPLAN**				
2	Produkt	Pers.-A./ Stk. (€)	VKP (€)	Absatz (TStk.)	Umsatz (T€)
3	ALPHA	3,9	112	244	=C3*D3
4	BETA	5,2	68	301	=C4*D4
5	GAMMA	4,3	81	84	=C5*D5

Abb. 1.1   *Ausgangsdaten – Personalkosten, Verkaufspreis, Absatzmenge und Umsatz.*

Merkmale für Stärken und Schwächen

Wie erzielen wir einen hohen Umsatz? Erfolg beim Verkaufen setzt voraus, dass wir unsere Stärken richtig beurteilen. Hierauf wird in den Zusatzinformationen unter allgemeinen Gesichtspunkten eingegangen. Es gilt auch, Vorzüge unseres Angebots nach außen darzustellen. Auch eine möglichst objektive und in quantitativen Begriffen formulierte Bestandsaufnahme der Schwächen ist zu jeder Zeit unverzichtbar. Es stellen sich folgende Fragen: "Wo klemmt es?" Engpassermittlung ist gefragt. Wie wir hier rechnen sollten, zeigen im Gesamtplan die Zeilen ab 354.

Oder: "Ist eine Intervention möglich und lohnend oder gar schädlich?" Beispielsweise für das Betriebsklima? Wie steht es mit der Beeinflußbarkeit und der Relevanz der Faktoren? Oder: „Was muss der Einleitung von Maßnahmen vorausgehen?".

Es kommt darauf an, die aktuelle Positionierung nicht zu verschlechtern. Vielmehr ist an deren Aufwertung zu arbeiten. Die relevanten Erfolgsfaktoren müssen den sich ändernden Erfordernissen des Marktes und der Umwelt angepaßt werden.

Als Leitlinien einer strategischen Orientierung sind zu beachten:

a) *Konzentration der Kräfte*

Man sollte vermeiden, sich zu verzetteln ("Übungsgewinn durch Wiederholung"). Damit mindert man Effizienzverluste. Sie können bis zur Wirkungslosigkeit gehen. Statt dessen gilt es, Prioritäten zu setzen.

b) *Akzeptanz der eigenen Besonderheiten*

Man sollte auf vertraute personelle und sachliche Rahmenbedingungen bauen. Hierzu gehören auch bestehende Qualifikationen und Organisationsstrukturen.

c) *Wahrnehmung der Umwelt*

Anstatt sich der modischen Innenschau und egozentrischen Isolation von der Mit- und Sachwelt zu widmen, gilt es, Sinn und Gespür für den Markt zu schärfen. Es ist kein Zufall, dass mancher erfolgreiche Unternehmer seine Karriere als Reisender begonnen hat. So entsteht das Gespür für Marktchancen. Und das Fingerspitzengefühl für Kundenwünsche. Auch das Erkennen möglicher Synergie-Effekte durch Kooperation mit geeigneten Partnern ist wichtig.

d)   Zukunftshinwendung

Statt retrospektiv sich von Geschehenem beeindrucken zu lassen, sollte man aktiv die Zukunft gestalten. Der Lieblingssatz eines erfolgreichen Unternehmers lautet: "Vorn ist die Richtung".

e)   Aufspüren von Marktnischen

Gerade hier liegt ein Vorteil hinsichtlich der Flexibilität im Vergleich zu oft schwerfälligen Großunternehmen. Zu erkunden und zu nutzen sind aus der Erkenntnis eigener Differenzstärken die speziellen Bedürfnisse der Abnehmer.

f)   Entwicklung dynamischen Denkens und Handelns

Aus der Wahrnehmung der sich ständig weiterentwickelnden Umwelt ergibt sich die Notwendigkeit lebenslangen Lernens. Hieraus wächst geistige und räumliche Mobilität.

g)   Bemühung um Kreativität

Ziel muss sein, eigene Ideen auf der Basis vorhandener Lösungen zu entwickeln. Im Vordergrund steht dabei die Vermeidung zu starker Nachahmung anderer oder Begehung ausgetretener Pfade. Unerwünschte Folgen wären Profileinbußen und Mittelmäßigkeit.

Perfektionistische Bestrebungen verengen häufig das Denken auf nur einen Punkt hin und machen unfähig, schöpferisch in verschiedene Richtungen (divergent) zu planen. Hierauf wird in den Zusatzinformationen unter dem Punkt „Ordnung" eingegangen. Es gilt, die Kreativität der Mitarbeiter durch ein angenehmes Betriebsklima zu fördern.

Wer nur lustlos seinen "Job herunterspult", wird kaum besondere Leistungen - am wenigsten Kreatives im Interesse des Arbeitgebers – hervorbringen. Zu fördern ist Enthusiasmus , Engagement und Identifikation mit dem Unternehmen. Insofern kommt dem Gesichtspunkt der "corporate identity" besondere Bedeutung zu.

Gefördert wird dies u.a. durch eine flache Aufbauorganisation (weniger Hierarchieebenen) und eine gut durchdachte "Ideenbörse". Aber auch durch gerechte Entscheidungen. Dies gilt besonders im Hinblick auf das Einkommen der Mitarbeiter.

e) Materialverbrauch

8)   Den Materialverbrauch ermitteln wir für die drei Produkte und die vier Materialarten gesondert. Dabei dürfen Störungen des Produktionsablaufs und daraus resultierende Ausschussmengen nicht unberücksichtigt bleiben. Hier stellen entsprechend differenzierte Datenbanken eine wertvolle Informationsquelle dar. Sie sollten Aufschluss geben über betriebs-spezifische Verbrauchsangaben in Abhängigkeit von Mengen der Produktion aber auch von anderen Rahmenbedingungen personeller, sach- und situationsbezogener Art. Wie beim Personal gilt es Lerneffekte anzustreben und zu berücksichtigen. Rezepturen, Konstruktionen oder Schaltpläne sollten zu Einsparung an Produktmengen aber auch zur Mehrfachverwendung von Teilen, beispielsweise Standard-Chips in Geräten, führen.

9) Die Planmengen werden in Kilogramm (kg) angegeben. Die zu beschaffenden und verarbeiteten Materialarten bezeichnen wir mit:
A, B, C und D.

10) Die Eintragungen der Zellen A7 bis B25 entnehmen Sie bitte der Abbildung A-2. Dabei gibt die Zelle B9 an, dass zur Herstellung einer Einheit des Produkts ALPHA 3,2 kg des Materials A nötig sind.

Es kommt hier auf eine exakte Recherche an. Techniker müssen kalkulieren, Testprodukte erstellen und messen. Bei einer geplanten Output-Menge von 244.000 im Abrechnungszeitraum wirken sich Ungenauigkeiten auf die abgeleiteten Planwerte sehr stark aus.

	A	B	C	D
7	Materialverbrauch Produkt ALPHA			
8	Mat.-Art	Planmenge(kg)		
9	A	3,2		
10	B	2,8		
11	C	1,5		
12	D	0,4		
14	Materialverbrauch Produkt BETA			
15	Mat.-Art	Planmenge(kg)		
16	A	1,4		
17	B	0,7		
18	C	1,3		
19	D	0,7		
20	Materialverbrauch Produkt GAMMA			
21	Mat.-Art	Planmenge(kg)		
22	A	0,9		
23	B	1,1		
24	C	0,6		
25	D	2,8		

Abb. 1.2   Materialverbrauch.

f) Materialvorrat

11) Auch die Materialvorratsmengen, die aus früheren Abrechnungsperioden – hier dem Vorjahr (VJ) - stammen, müssen nach Materialarten differenziert mit den jeweiligen Preisen erfasst werden.   Je nach betrieblichen Besonderheiten überträgt man hier die Zahlen aus der Datenbank nach entsprechender Aufbereitung (Verdichtung zu Materialgruppen) mit den Access-Befehlen:
„Extras",
„Office-Verknüpfungen" und
„Analysieren in Excel".

12) In Abbildung 1.3 finden Sie die Eintragungen der Zellen A27 bis C32.

g) Effektive Bestellmenge

13) Der Entscheidung hinsichtlich der zu bestellenden Mengen bezogen auf die vier Materialarten kommt in der Praxis eine hohe Bedeutung zu. Hängen von den Bestellmengen doch die erzielten Rabatte und damit die Einstandspreise ab. Es gilt, durch Vordisposition großer Mengen günstige Preise zu erzielen und für den Bedarfsfall über ausreichende Rohstoffe zu verfügen. Andererseits muss vermieden werden, dass zu viel Kapital gebunden und Lagervolumen in übertriebenem Ausmaß beansprucht wird. Auch Risiken hinsichtlich auftretender Einbußen bei Materialbeständen gilt es einzubeziehen. Im Gegensatz zu Absatzmengen weisen die Bestellmengen einen höheren Grad an Realitätsnähe auf, entspringen sie doch von uns getroffenen Entscheidungen.

14) Im hier abgehandelten Fallbeispiel sind durch hohe Bestellmengen die Bezugspreise für alle vier Materialarten gefallen. Dies wird bei der Bewertung von Verbrauchs- und Bestandsmengen entsprechend berücksichtigt. Vereinfachung: Für alle vier Materialarten fallen die Preise.
Da die Preise hier gefallen sind, müssen die Bestände mit den höheren Wertansätzen zuerst über die GuV ausgebucht werden (FIFO). In der Bilanz erscheinen folglich die niedrigen Preise.

15) Die Eintragungen für Mengen und Preise des Berichtsjahres (BJ) der Zellen A34 bis C38 entnehmen Sie bitte der Abbildung 1.3.

	A	B	C	D
27	**Materialvorrat**			
28	**Mat.-Art**	**VJ-Preis/kg**	**Vorrat (Tkg)**	
29	A	1,2	780	
30	B	2,9	564	
31	C	3,4	333	
32	D	4,2	11	
34	**Material**	**eff. Bestellm.(Tkg)**	**BJ-Preis (kg)**	
35	A	520	1,1	
36	B	450	2,1	
37	C	900	1,8	
38	D	750	4,1	

Abb. 1.3 *Materialvorrat und Effektive Bestellmenge.*

h) Energie- und Müllaufwand

16) Es gibt in dem hier behandelten Fallbeispiel – wie wohl in den meisten Betrieben üblich - Energie- und Müllaufwand, der unabhängig von den produzierten Mengen anfällt. Die Zelle B51, die den Raumaufwand ausweist, beinhaltet diesen. Es handelt sich dabei um fixe, also zeitabhängige Kosten. Sie bilden einen Bestandteil der sonstigen betrieblichen Aufwendungen – beispielsweise in der GuV nach dem Gesamtkostenverfahren in der Zelle B247.

In der Praxis wird man hier mit Mischkosten rechnen müssen. Sie ergeben sich aus fixen Anteilen wie Grundgebühren oder Zählermieten. Auf die Excel-Funktion „Regressionsparameter (RGP)" zur Spaltung von Kosten in verschiedene Komponenten gehe ich an dieser Stelle nicht ein (vgl. hierzu Haas 2000, S. 60).

Im nun zu bearbeitenden Tabellenbereich A40 bis E44 geht es dagegen um variable Kosten, die vereinfachend als proportional zu den Ausbringungsmengen angenommen werden. Die gesonderte Erfassung soll Möglichkeiten eröffnen, gezielt den Energie- und Müllaufwand zu kontrollieren. Es ergeben sich Einsparungspotenziale im Interesse unserer Ertragslage aber auch der Umweltbelastung.

17) Den Energieaufwand ermitteln wir für die drei Produktarten jeweils auf ein Stück bezogen.
ALPHA: Energie/Stk. (€): 1,1 (Zelle B41)
BETA: Energie/Stk. (€): 2,4 (Zelle B42)
GAMMA: Energie/Stk. (€): 2,3 (Zelle B43)

Aus den Energiekosten pro Stück in Zelle B41 und der Absatzmenge in D3 erhalten wir durch Multiplikation den Energieaufwand für die Herstellung des Produkts ALPHA in der Zelle D41 mit a 268,4.
Ebenso verfahren wir beim Müll.

18) In Abbildung 1.4 und 1.5 finden Sie die Eintragungen der Zellen A40 bis E44.

	A	B	C	D	E	F
40	Produkt	Energie/Stk.(€)	En. (T€)	Müll/Stk. (€)	Müll (T€)	Geb.-A. (p.a.)
41	ALPHA	1,1	268,4	0,41	100,04	2%
42	BETA	2,4	722,4	0,39	117,39	
43	GAMMA	2,3	193,2	0,48	40,32	
44			1184,00		257,75	

Abb. 1.4   Energie- und Müllaufwand – Werte.

	A	B	C	D	E	F
40	Produkt	Energie/Stk.(€)	En. (T€)	(€)	Müll (T€)	Geb.-A. (p.a.)
41	ALPHA	1,1	=B41*D3	0,41	=D41*D3	0,02
42	BETA	2,4	=B42*D4	0,39	=D42*D4	
43	GAMMA	2,3	=B43*D5	0,48	=D43*D5	
44			=SUMME(C41:C43)		=SUMME(E41:E43)	

Abb. 1.5   *Energie- und Müllaufwand – Formeln*

i) Andere aktivierte Eigenleistungen

19)   Die anderen aktivierten Eigenleistungen werden bei der Erfolgsermittlung nach dem Gesamtkostenverfahren (GKV) ausführlich behandelt. Zu den Ausgangsdaten:
Der Gesamtbetrag steht in der Zelle F64 – Wert: 80,0 (T€)
Darin sind in der Zelle F65 Materialaufwendungen enthalten – Wert: 4,0 (T€).
Es ergibt sich also für Personalaufwendungen ein Differenzbetrag von   76,0 (T€).
In der Zelle E70 wird der Wert einer Sammelposition erfasst. Es soll verhindern, dass der Kontenplan durch zu starke Differenzierung ausufert.

20)   Sollten für Ihre Zwecke bestimmte hier vorkommende Positionen, beispielsweise andere aktivierte Eigenleistungen oder Rückstellungen, keine Rolle spielen, ist es nützlich, in den entsprechenden Zellen „Null" einzutragen.

	A	B	C	D	E	F
45	Maschinen	Anzahl	Ko./	Nutzungsd. (J.)	Masch.- RW.	Satz (p.a.)
46	20x1 - 4	6	250	5	0	20%
47	20x1 - 3	13	270	5	0	20%
48	20x1 - 2	18	290	5	0	20%
49	20x1 - 1	25	310	5	0	20%
50	20x1		330	5	0	20%
51	Raumaufwand (T€)	780				
52	Beratungsaufw. (T€)	834				
53	EDV/Büroaufw.(T€)	1240				
54	Literaturaufwand (T€)	380			Maschinen	Outp. (TStk.)
55	Neueinstellung in RüS	200			ALPHA	12,6
56	Reiseaufwand (T€)	1328			BETA	5,8
57	Fuhrparkaufwand (T€)	2630			GAMMA	4,2
58	Werbeaufwand (T€)	1832				
59	Telekomm.-Aufw. (T€)	1860				
60	Versicherungsaufwan(	1684			Einzahlung (U.)	95%
61	Reparaturaufwand (T€	1648			Auszahlung (Mat.)	90%
62	Reinigungsaufwand (T	984				
63	Gewerbe-St. (T€)	932				
64	Bewirtungsaufwand (T	886			a.a.EL(BGA)	80,0
65	FuE-Aufwand (T€)	1800			Mat.(a.a.EL.)	4,0
66	Materialann.-Aufwanc	420				
67	Packereiaufwand (T€)	980			Sonst.b. Aufw. (UKV)	829
68	Montageaufwand (T€)	830	21248,0			
69	Zinsen	Darlehen	Kfr. Kredite		Sonst. Aufw.(Rest)	EE-Steuern
70		7,80%	9,50%		3371,00	42%
71	Darlehenserhöhung (zu Beginn von 20x1)		1000,0			

Abb. 1.6   *Ausgangsdaten*

21) Die Formeln zur Ermittlung des AV, UV, EK, FK und der Bilanzsumme entnehmen Sie bitte der Abbildung 1.7.

	A	B	C	D	E
74	**Bilanz 20x0 (T€)**				
75	**AKTIVA**			**PASSIVA**	
76	Grundst./Gebäude	4000		Gez. Kapital	12186
77	BGA	100		Rücklagen	5000
78	Maschinen	11036		*******	*******
79	Finanzanlagen	1000		**EK**	**=SUMME(E76:E77)**
80	**AV**	**=SUMME(B76:B79)**		Rückstellungen	500
81	Vorräte	3750		Darlehen	5000
82	Forderungen	4100		Kfr. Kredite	3000
83	Fl. Mittel	3500		Verbindlichk.	1800
84	**UV**	**=SUMME(B81:B83)**		**FK**	**=SUMME(E80:E83)**
85	*Summe*	*=B80+B84*		*Summe*	*=E79+E84*
86					=WENN(B85=E85;"summengleich";"Fehler")
87	**GUV 20x0 (T€)**				
88	Umsatz A	23350			
89	Umsatz B	9600			
90	Umsatz C	5456			
91	**UMSATZ (ges.)**	**=SUMME(B88:B90)**			
92	Mat.-Einsatz	8123			
93	Rohertrag	=B91-B92			
94	Pers.-Aufw. (Prod.)	2980			
95	Sonst. Aufw.	21760			
96	Zinsen	700			
97	***BCF***	***=B93-SUMME(B94:B96)***			
98	Abschreibungen	3920			
99	**AUFWAND**	**=B92+B94+B95+B96+B98**			
100	Überschuß v. St.	=B97-B98			
101	EE-Steuern (42%)	=B100*0,42			
102	**Überschuss n. St.**	**=B100-B101**			

Abb. 1.7   Ausgangsdaten- Bilanz und GuV

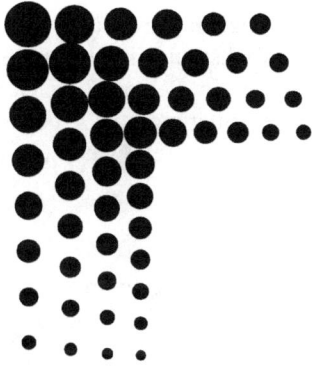

2 Konkrete Planung: Externes Rechnungswesen

2.1   Personalplan

1)   Die Informationen aus einer Datenbank stellen zwar reale Tatsachen dar. Ihr Nachteil
aber liegt darin, dass sie sich stets auf die Vergangenheit beziehen. Bei Planungen
taucht indes ständig die Frage auf: *Wie wird sich die Zukunft entwickeln?*

2)   Häufig errechnet man – beispielsweise für Absatzmengen – aus Ist-Zahlen abgelaufe-
ner Rechnungsperioden mit entsprechenden Wachstumsfaktoren die Soll-Daten. Auf
der Basis so gewonnener Planzahlen schließt man im Personalbereich nach vorausge-
gangenen kostenträchtigen Maßnahmen zur Rekrutierung von Arbeitskräften entsprechende Verträge ab. Verhängnisvolle Wirkungen treten ein, wenn die angenommenen
Zahlen sich als unrealistisch erweisen.

Festlegung der Planzahlen

3)   Wie bei den nachfolgenden Teilplänen wird von einer bestimmten durch Zahlen definierten Konstellation ausgegangen. Voraussetzung des hier für den Personalplan prak-
tizierten Vorgehens ist die Kenntnis von:

a) Absatzmengen bezogen auf die einzelnen Produkte und
b) des Anteils der variablen Personalkosten an einem produzierten Stück.

In der Praxis erfordert dies eine Ermittlung der entsprechenden Daten – und zwar immer wieder neu und zum Zwecke der Planung in die Zukunft gerichtet. Eine Veränderung der Stückkosten gilt es einzubeziehen. Senkungen ergeben sich beispielsweise
aus Lerneffekten (Kostendegression) und Erhöhungen bei Lohnsteigerungen.

4)   Aus den Angaben des Fertigungslohns pro Stück (Zelle B3) und den Sollstückzahlen
(D3) übernehmen wir die Daten in die Zellen B106 und C106. Man erhält die Summe
der Fertigungslöhne je Produkt – beispielsweise für ALPHA – in der Zelle D106 mit
der Formel:
=b106*c106 und den Wert „951,6".

Es werden für die drei Produkte differenziert die Lohnaufwendungen ausgewiesen.
Entnehmen Sie die einzelnen Daten bitte der Abbildung 2.1und 2.2.

5)   In der Zelle D109 erhalten wir die Lohnsumme für die drei Produkte. Dieser Wert wird
in die Gewinn- und Verlustrechnung (Zelle B246) übernommen und um den Betrag
der anderen aktivierten Eigenleistungen (Zelle F64) erhöht. Allerdings müssen in B246
die anteiligen Materialkosten für die Eigenleistungen abgezogen werden. Die Formel
in B246 lautet:

=d109+(f64-f65) mit der Eintragung 2954,0 T€. (tausend Euro).

	A	B	C	D
104	**Personal-Plan**			
105	Prod.-Lohn	Lohn- Aufw./Stk.	Absatz (TStk.)	Lohn (ges. T€)
106	ALPHA	3,9	244	951,6
107	BETA	5,2	301	1565,2
108	GAMMA	4,3	84	361,2
109	Lohnsumme (T€)			2878

Abbildung 2.1: Personalplan – Werte

	A	B	C	D
104	**Personal-Plan**			
105	Prod.-Lohn	Lohn- Aufw./Stk.	Absatz (TStk.)	Lohn (ges. T€)
106	ALPHA	=B3	=D3	=B106*C106
107	BETA	=B4	=D4	=B107*C107
108	GAMMA	=B5	=D5	=B108*C108
109	Lohnsumme (T€)			=SUMME(D106:D108)

Abbildung B-2: Personalplan – Formeln

Bei aller Faszination, die derartige Modellrechnungen auslösen können, sollte der Mensch nicht in den Hintergrund treten. Das Denken in qualitativen Begriffen muss vorrangig sein. Nur wenn alle Mitarbeiter in ihrer Würde zur Geltung kommen, werden sie mit Begeisterung an die Arbeit gehen. Nur so resultieren Leistungen, die dem Betrieb und dem Gesamtwohl dienen.

2.2 Materialplan

Bei der Erstellung des Materialbeschaffungsplans geht es um die Entscheidung bezüglich der Bestellmengen in Abhängigkeit von:

Materialbedarf
Materialbestand und
Angebotspreisen.

a) Materialbedarf bezogen auf jeweils ein Produkt pro Stück

6) Ausgangspunkt ab Zeile 114ist der Materialbedarf bezogen auf die vier verwendeten Materialarten für die drei geplanten Produkte.

Für ALPHA setzen wir in die Zelle C114 unseren Bedarf an der Rohstoffkomponente „Material A" bezogen auf ein zu produzierendes Stück, indem wir den Wert aus der Zelle B9 übernehmen (3,2 kg).

7)   In die Zelle B114 holen wir mit der Eintragung

=**c35** den Preis für ein Kilogramm des Materials A (Anzeige der Zelle B114: a 1,1).

8)   Die Zeilen 112 bis 117 enthalten folgende Formeln:

Materialverbrauch		Produkt ALPHA	
Mat.-Art	Preis/kg	Planmenge(kg)	Planaufw(and)
A	=C35	=B9	=B114*C114
B	=C36	=B10	=B115*C115
C	=C37	=B11	=B116*C116
D	=C38	=B12	=B117*C117

9)   Die Summe aller vier Materialaufwendungen erhält man für das Produkt ALPHA bezogen auf eine Einheit mit der Formel in D118:

=**SUMME(D114:D117)** in Höhe von € 13,74.
Für die Produkte BETA und GAMMA steht der Planaufwand in den Zeilen 120 bis 134.

	A	B	C	D
111	**Material-Plan**			
112	Materialverbrauch Produkt ALPHA			
113	Mat.-Art	Preis(€/kg)	Planmenge(kg)	Planaufw.(€/kg)
114	A	=C35	=B9	=B114*C114
115	B	=C36	=B10	=B115*C115
116	C	=C37	=B11	=B116*C116
117	D	=C38	=B12	=B117*C117
118		SU.		=SUMME(D114:D117)

Abbildung 2.3: Materialbedarf für Produkt ALPHA – Formeln

	A	B	C	D
120	Materialverbrauch Produkt BETA			
121	Mat.-Art	Preis(€/kg)	Planmenge(kg)	Planaufw.(€/kg)
122	A	=B114	=B16	=B122*C122
123	B	=B115	=B17	=B123*C123
124	C	=B116	=B18	=B124*C124
125	D	=B117	=B19	=B125*C125
126		SU.		=SUMME(D122:D125)
128	Materialverbrauch Produkt GAMMA			
129	Mat.-Art	Preis(€/kg)	Planmenge(kg)	Planaufw.(€/kg)
130	A	=B114	=B22	=B130*C130
131	B	=B115	=B23	=B131*C131
132	C	=B116	=B24	=B132*C132
133	D	=B117	=B25	=B133*C133
134		SU.		=SUMME(D130:D133)

Abbildung 2.4: Materialbedarf Produkte BETA und GAMMA – Formeln

	A	B	C	D
111	**Material-Plan**			
112	Materialverbrauch Produkt ALPHA			
113	Mat.-Art	Preis(€/kg)	Planmenge(	Planaufw.(€/kg
114	A	1,1	3,2	3,52
115	B	2,1	2,8	5,88
116	C	1,8	1,5	2,7
117	D	4,1	0,4	1,64
118	SU.			13,74
120	Materialverbrauch Produkt BETA			
121	Mat.-Art	Preis(€/kg)	Planmenge(	Planaufw.(€/kg
122	A	1,1	1,4	1,54
123	B	2,1	0,7	1,47
124	C	1,8	1,3	2,34
125	D	4,1	0,7	2,87
126	SU.			8,22
128	Materialverbrauch Produkt GAMMA			
129	Mat.-Art	Preis(€/kg)	Planmenge(	Planaufw.(€/kg
130	A	1,1	0,9	0,99
131	B	2,1	1,1	2,31
132	C	1,8	0,6	1,08
133	D	4,1	2,8	11,48
134	SU.			15,86

Abbildung 2.5: Materialbedarf – Werte

b) Gesamtmenge des Materialbedarfs p.a. (Abrechnungszeitraum)

10) Die geplante Gesamtstückzahl für das Produkt ALPHA wird aus der Zelle D3 in B138 eingetragen (244 Tausend Stück). Die gesamte Menge des Materialbedarfs von A ergibt sich für das Produkt ALPHA durch:

=b138*c138 in Höhe von 780,8 Tkg (tausend Kilogramm) in der Zelle D138.

Unterstellt wird eine proportionale Entwicklung des Gesamtverbrauchs an Material in Abhängigkeit von der produzierten Menge. Wir rechnen also bei Verdopplung des Outputs mit einem Materialeinsatz in doppelter Höhe.

	A	B	C	D	E
136	Mat.-Art A	Produkt-	Mat.-Planmenge(Tkg)		Wert
137		Menge (TStk)	pro Stück	gesamt	(T€)
138	ALPHA	244	3,2	780,8	858,88
139	BETA	301	1,4	421,4	463,54
140	GAMMA	84	0,9	75,6	83,16
141	Materialverbrauch Summe			1277,8	1405,58
143	Mat.-Art B	Produkt-	Mat.-Planmenge(Tkg)		Wert
144		Menge (TStk)	pro Stück	gesamt	(T€)
145	ALPHA	244	2,8	683,2	1434,72
146	BETA	301	0,7	210,7	442,47
147	GAMMA	84	1,1	92,4	194,04
148	Materialverbrauch Summe			986,3	2071,23
150	Mat.-Art C	Produkt-	Mat.-Planmenge(Tkg)		Wert
151		Menge (TStk)	pro Stück	gesamt	(T€)
152	ALPHA	244	1,5	366	658,8
153	BETA	301	1,3	391,3	704,34
154	GAMMA	84	0,6	50,4	90,72
155	Materialverbrauch Summe			807,7	1453,86
157	Mat.-Art D	Produkt-	Mat.-Planmenge(Tkg)		Wert
158		Menge (TStk)	pro Stück	gesamt	(T€)
159	ALPHA	244	0,4	97,6	400,16
160	BETA	301	0,7	210,7	863,87
161	GAMMA	84	2,8	235,2	964,32
162	Materialverbrauch Summe			543,5	2228,35

Abbildung 2.6: Gesamtmenge des Materialbedarfs, Wert und
Gesamtwert des Materials – Werte

c) Wert des Materials pro Produkt

11)   Multipliziert man in der Zelle E138 die zuletzt ermittelte Gesamtmenge von Material
      A für ALPHA mit dem für das Berichtsjahr geltenden Bezugspreis (Zelle B114), erhält
      man den Wert des zur Herstellung von ALPHA einzusetzenden Materials A
      (T€ 858,88).

12)   Für das Material A lauten die Eintragungen der Zeilen 136 bis 140 wie folgt:

Mat.-Art	A Produkt-Menge	Mat.-Planmenge(kg) pro Stück	gesamt	Wert (T€)
ALPHA	=D3	=C114	=B138*C138	=B114*D138
BETA	=D4	=C122	=B139*C139	=B114*D139
GAMMA	=D5	=C130	=B140*C140	=B114*D140

d) Gesamtwert des berechneten Verbrauchs von Material A

13) In der Zelle E141 lässt sich der Gesamtwert des für alle drei Produkte verbrauchten Materials A unter Zugrundelegung der Bezugspreise des Berichtsjahres berechnen mit der Formel:
' **=SUMME(E138:E140)** und es ergibt sich der Betrag T€ 1405,58.
Für die Materialarten B, C und D steht der Planaufwand in den Zeilen 143 bis 162.

	A	B	C	D	E
136	Mat.-Art A	Produkt-	Mat.-		Wert
137		Menge (TStk)	pro Stück	gesamt	(T€)
138	ALPHA	=D3	=C114	=B138*C138	=B114*D138
139	BETA	=D4	=C122	=B139*C139	=B114*D139
140	GAMMA	=D5	=C130	=B140*C140	=B114*D140
141	Materialverbrauch Summe			=SUMME(D138:D140)	=SUMME(E138:E140)
143	Mat.-Art B	Produkt-	Mat.-		Wert
144		Menge (TStk)	pro Stück	gesamt	(T€)
145	ALPHA	=B138	=C115	=B145*C145	=B115*D145
146	BETA	=B139	=C123	=B146*C146	=B115*D146
147	GAMMA	=B140	=C131	=B147*C147	=B115*D147
148	Materialverbrauch Summe			=SUMME(D145:D147)	=SUMME(E145:E147)
150	Mat.-Art C	Produkt-	Mat.-		Wert
151		Menge (TStk)	pro Stück	gesamt	(T€)
152	ALPHA	=B138	=C116	=B152*C152	=B116*D152
153	BETA	=B139	=C124	=B153*C153	=B116*D153
154	GAMMA	=B140	=C132	=B154*C154	=B116*D154
155	Materialverbrauch Summe			=SUMME(D152:D154)	=SUMME(E152:E154)
157	Mat.-Art D	Produkt-	Mat.-		Wert
158		Menge (TStk)	pro Stück	gesamt	(T€)
159	ALPHA	=B152	=C117	=B159*C159	=B117*D159
160	BETA	=B153	=C125	=B160*C160	=B117*D160
161	GAMMA	=B154	=C133	=B161*C161	=B117*D161
162	Materialverbrauch Summe			=SUMME(D159:D161)	=SUMME(E159:E161)

Abbildung 2.7: Gesamtmenge des Materialbedarfs, Wert und Gesamtwert des Materials – Formeln

e) Materialbestand

14) Bei der Bestellung neuen Materials sind vorhandene Vorräte (Materialbestände) zu berücksichtigen. Der Endbestand aus dem Vorjahr von Material A in Kilogramm (kg) – hier 780 - wird in die Zelle C165 gesetzt durch Verweis zur Zelle **C29**.

15) Den Preis des Vorjahres pro kg des Materials A tragen wir durch Übernahme der Eintragung aus **B29** in die Zelle D165 ein (Wert: € 1,2).

16)   Der Neubedarf (BJ-Menge) ergibt sich für das Material A in E165 aus:
Geplante Bedarfsmenge des Berichtsjahres (Zelle B165 – Eintragung: 1277,8) minus
Bestand aus dem Vorjahr (= Anfangsbestand des Berichtsjahres:
Zelle C165 – Eintragung: 780) =
Berichtsjahrmenge (Zelle E165 – Ergebnis: 497,8 Tkg).

Neubedarfsmenge = Bedarfsmenge des Planjahres minus Bestand aus dem Vorjahr

---

f) Materialbestand

17)   Bei der Ergebnisrechnung ist der Verbrauch differenziert zu behandeln. Es gehen
Teilmengen in die Produktion ein, die zu unterschiedlichen Preisen eingekauft wurden.

Der Verbrauch der Materialart A ergibt sich wie folgt:
Vorjahresbestand (in voller Höhe eingesetzt): 780 kg (Zelle C165) multipliziert mit
dem zugehörigen Preis a 1,2 (Zelle D165);
hieraus resultiert als Zwischenergebnis:
Wert des Vorjahresverbrauchs: a 936 (Zelle B167) und
von der Neulieferung der Teil, der hier als Berichtsjahrmenge bezeichnet wird: 497,8
Tkg (Zelle E165)) multipliziert mit dem zugehörigen Preis a 1,1 (Zelle F165);
hieraus resultiert als Zwischenergebnis:
Wert des Berichtsjahresverbrauchs: T€ 547,58 (Zelle C167).

18)   Den gesamten Verbrauch der Materialart A liefert die Zelle E167 mit:

=B167+C167 – Wert: T€ 1483,58.

	A	B	C	D	E	F
164	**Mat.-Art A**	Planm. (Tkg)	VJ-Menge (k	VJ-Preis	BJ-Menge (Tkg)	BJ-Preis
165	**Verbrauch**	1277,8	780	1,2	497,8	1,1
166		VJ-Verbrauch (T€)	BJ-Verbrauch (T€)		Ges.-Verbrauch (T€)	
167		936	547,58		1483,58	

Abbildung 2.8: Materialverbrauch Materialart A – Werte

	A	B	C	D	E	F
164	**Mat.-Art A**	Planm. (Tkg)	VJ-Menge (kg)	VJ-Preis	BJ-Menge (Tkg)	BJ-Preis
165	**Verbrauch**	=D141	=C29	=B29	=B165-C165	=C35
166		VJ-Verbrauch (T€)	BJ-Verbrauch (T€)		Ges.-Verbrauch (T€)	
167		=C165*D165	=E165*F165		=B167+C167	

Abbildung 2.9: Materialverbrauch Materialart A – Formeln

Dies ist eine von vier Komponenten unseres Materialeinsatzes für die Gewinn- und Verlustrechnung. Zur Darstellung der Materialarten B, C und D verfahren wir analog in den Zeilen 169 bis 182.

	A	B	C	D	E	F
169	Mat.-Art B	Planm. (Tkg)	VJ-Menge (k	VJ-Preis	BJ-Menge (Tkg)	BJ-Preis
170	Verbrauch	986,3	564	2,9	422,3	2,1
171		VJ-Verbrauch (T€)	BJ-Verbrauch (T€)		Ges.-Verbrauch (T€)	
172		1635,6	886,83		2522,43	
174	Mat.-Art C	Planm. (Tkg)	VJ-Menge (k	VJ-Preis	BJ-Menge (Tkg)	BJ-Preis
175	Verbrauch	807,7	333	3,4	474,7	1,8
176		VJ-Verbrauch (T€)	BJ-Verbrauch (T€)		Ges.-Verbrauch (T€)	
177		1132,2	854,46		1986,66	
179	Mat.-Art D	Planm. (Tkg)	VJ-Menge (k	VJ-Preis	BJ-Menge (Tkg)	BJ-Preis
180	Verbrauch	543,5	11	4,2	532,5	4,1
181		VJ-Verbrauch (T€)	BJ-Verbrauch (T€)		Ges.-Verbrauch (T€)	
182		46,2	2183,25		2229,45	

Abbildung 2.10: Materialverbrauch der Materialien B, C und D – Werte

	A	B	C	D	E	F
169	Mat.-Art B	Planm. (Tkg)	VJ-Menge (kg)	VJ-Preis	BJ-Menge (Tkg)	BJ-Preis
170	Verbrauch	=D148	=C30	=B30	=B170-C170	=C36
171		VJ-Verbrauch (T€)	BJ-Verbrauch (T€)		Ges.-Verbrauch (T€)	
172		=C170*D170	=E170*F170		=B172+C172	
174	Mat.-Art C	Planm. (Tkg)	VJ-Menge (kg)	VJ-Preis	BJ-Menge (Tkg)	BJ-Preis
175	Verbrauch	=D155	=C31	=B31	=B175-C175	=C37
176		VJ-Verbrauch (T€)	BJ-Verbrauch (T€)		Ges.-Verbrauch (T€)	
177		=C175*D175	=E175*F175		=B177+C177	
179	Mat.-Art D	Planm. (Tkg)	VJ-Menge (kg)	VJ-Preis	BJ-Menge (Tkg)	BJ-Preis
180	Verbrauch	=D162	=C32	=B32	=B180-C180	=C38
181		VJ-Verbrauch (T€)	BJ-Verbrauch (T€)		Ges.-Verbrauch (T€)	
182		=C180*D180	=E180*F180		=B182+C182	

Abbildung 2.11: Materialverbrauch der Materialien B, C und D – Formeln

19) Der gesamte Materialeinsatz in Höhe von T€ 8222,12 wird in der Zelle C189 ermittelt:

Mat.-Arten	A	1483,58
	B	2522,43
	C	1986,66
	D	2229,45
	Summe	8222,12

20) Dieser Betrag erscheint wieder als Materialeinsatz im GuV-Plan (übernommen zur Zielzelle B244). Für die anderen aktivierten Eigenleistungen wird aus der Zelle F65 der Wert des Materialeinsatzes T€ 4 hinzuaddiert.

	A	B	C	D	E	F	G
184	Einsatz für GuV-Plan		(T€)		T-Konto Material		
185		A	1483,58	1,16	3750,0	8222,12	
186		B	2522,43	2,56	6212,0	1739,9	
187		C	1986,66	2,46	9962,0	9962,0	
188		D	2229,45	4,10			0,0
189	Summe Mat.-Verbrauch		8222,12	in GUV	8226,12	8.226,1	

Abbildung 2.12: Materialeinsatz für GuV-Plan – Werte

	A	B	C	D	E	F	G
184	Materialverb		(T€)		T-Konto M		
185	Mat.-Arten	A	=E167	=C185/B165	=D197	=C189	
186		B	=E172	=C186/B170	=D210	=D217	
187		C	=E177	=C187/B175	=SUMME(E185:E186)	=SUMME(F185:F186)	
188		D	=E182	=C188/B180			=E187-F187
189	Summe Mat.		=SUMME(C185:C188)	in GUV	=C189+4	=B244	

Abbildung B-13: Materialeinsatz für GuV-Plan – Formeln

g) Materialeinkauf für den CF-Plan

21) Es bestünde die Möglichkeit, bei der Bestimmung der Einkaufsmengen die theoretischen Bestellmengen zu übernehmen. Wie schon erwähnt, spielen auch die durch Einkauf größerer Mengen erzielten günstigeren Rabatte eine Rolle. Außerdem sollte unter Umständen für Zusatzaufträge, die gelegentlich im Rahmen vorhandener ungenutzter Kapazitäten der Produktion übernommen werden, Material zur Verfügung stehen.

Lagermöglichkeiten oder eine entsprechende Gestaltung von Verträgen hinsichtlich der Liefermodalitäten (Teilmengen verteilt über einen Zeitraum) bilden auch eine Voraussetzung für den Bezug großer Mengen.

22) Wir übernehmen die geplanten Bestellmengen und die zugehörigen Preise der Zellen B35 bis C38 in den Bereich B206 bis C209.

Die Multiplikation von Mengen und Preisen – differenziert nach den vier Materialarten - liefert in den Zellen D206 bis D209 die entsprechenden Einkaufswerte des Materials.

23) Die Zelle D210 dient der Berechnung unserer Summe der Bestellungen bezogen auf das ganze Material in Höhe von T€ 6212,0.

24) Da wir 90% dieses Betrages im Berichtsjahr zahlen werden, ergibt sich in Zelle B265 die Eintragung für den CF-Plan. Allerdings muss noch der Materialanteil der anderen aktivierten Eigenleistungen aus F65 in Höhe von T€ 4 hinzuaddiert werden (insgesamt T€ 5.594,8). Die Zeilen 205 bis 210:

Material	eff. Bestellm.(Tkg)	BJ-Preis (€/kg)	Einkauf (T€)
A	520	1,1	572,0
B	450	2,1	945,0
C	900	1,8	1620,0
D	750	4,1	3075,0
	SUMME		**6212,0**

Vergleichen Sie bitte mit den Abbildungen 2.14 und 2.15.

h) Bestände für die Bilanz

25) Die Mengen für unsere vier Materialarten, die sich aus dem Materialbedarf resultieren, sind um die vorhandenen Vorräte zu vermindern. Daraus herleiten lassen sich theoretische Bestellmengen (Zellen A199 bis D203):

Mat.	Verbrauch (kg)	Vorrat (kg)	theor. Bestellm.
A	1277,8	780	497,8
B	986,3	564	422,3
C	807,7	333	474,7
D	543,5	11	532,5

26) Aus den schon dargelegten Gründen liegen die effektiven Bestellmengen über den theoretisch Errechneten (Zellen A205 bis B209):

Material	eff. Bestellm.(Tkg)
A	520
B	450
C	900
D	750

27) Die Zellen B213 bis B216 dienen dazu, die Differenzen zwischen effektiven und theoretischen Bestellmengen zu ermitteln. In den Zellen D200 bis D203 stehen die rechnerischen Bestellmengen, die sich theoretisch aus dem Bedarf ergeben. Wir benötigen die Mengenangaben der rechnerischen Reste unserer vier Materialarten. Für das Material A ermitteln wir in der Zelle B213 den restlichen Bestand mit der Formel:

=b206-d200 und es resultiert die Menge 22,2 (Tkg).

28) Wenn wir nun die Vorratsmengen mit den entsprechenden Preisen multiplizieren, ergeben sich die zugehörigen Werte. In D213 mit:

=b213*c213 – Wert: 24,40 T€.

29) Da die Preise im Vergleich zum Vorjahr gefallen sind, setzen wir die niedrigeren Berichtsjahrpreise zur Bilanzierung an. Das FIFO-Verfahren kommt zur Anwendung.

Material	Bestand (Tkg)	Preis (a/kg)	Bestand (T€)
A	22,2	1,1	24,40
B	27,7	2,1	58,17
C	425,3	1,8	765,54
D	217,5	4,1	891,75
Summe			**1739,90**

30) Die Zelle D217 verwenden wir für den Gesamtwert der Vorräte mit:

=SUMME(D213:D216
in Höhe von T€ 1739,90, den wir in die Bilanz einsetzen (B282).
Der Endbestand an Material errechnet sich auch hier nach der Formel:

Endbestand = Anfangsbestand plus Zugang minus Verbrauch

Zusammenfassung der Materialplanung

Materialbedarf (errechnet) minus
Vorräte (VJ) =
theoretische Bestellmenge als Basis für die
effektive Bestellmenge minus
Materialbedarf =
Vorräte (BJ)

31) Zur Kontrolle lassen sich die Hauptgrößen der Materialplanung in T-Kontenform darstellen:

Material (T€)			
Anfangsbest. (Bil. x0)	3750,0	8222,1	Verbrauch (GuV)
Zugang (90% in CF)	6212,0	1739,9	Endbestand (Bil. x1)
	9962,0	9962,0	

	A	B	C	D	E
191	Materialvorrat				10,28
192	Mat.-Art	VJ-Preis/kg	VJ-Vorrat (kg)	VJ-V. (T€)	
193	A	1,2	780	936,0	
194	B	2,9	564	1635,6	
195	C	3,4	333	1132,2	
196	D	4,2	11	46,2	
197	SU.			**3750,0**	3750,0
199	Material	Verbrauch (Tkg)	Bestand (Tkg)	theor. Bestellm.(Tkg)	
200	A	1277,8	780	497,8	
201	B	986,3	564	422,3	
202	C	807,7	333	474,7	
203	D	543,5	11	532,5	
205	Material	eff. Bestellm.(Tkg)	BJ-Preis (€/kg)	Einkauf (T€)	
206	A	520	1,1	572,0	
207	B	450	2,1	945,0	
208	C	900	1,8	1620,0	
209	D	750	4,1	3075,0	
210				SU. **6212,0**	CF / Verbindl.
212	Material	Bestand (Tkg)	Preis (€/kg)	Bestand (T€)	
213	A	22,2	1,1	24,4	FI
214	B	27,7	2,1	58,17	
215	C	425,3	1,8	765,54	
216	D	217,5	4,1	891,75	
217				SU. **1739,9**	in BIL

Grundlage für den CF-Plan

Bestand für Bilanz

Abbildung 2.14: Materialeinkauf und Bestände – Werte

	A	B	C	D	E
191	Materialvorrat				=SUMME(D185:D188)
192	Mat.-Art	VJ-Preis/kg	VJ-Vorrat (kg)	VJ-V. (T€)	
193	A	=B29	=C29	=B193*C193	
194	B	=B30	=C30	=B194*C194	
195	C	=B31	=C31	=B195*C195	
196	D	=B32	=C32	=B196*C196	
197	SU.			**=SUMME(D193:D196)**	=B81
199	Material	Verbrauch (Tkg)	Bestand (Tkg)	theor. Bestellm.(Tkg)	
200	A	=D141	=C193	=B200-C200	
201	B	=D148	=C194	=B201-C201	
202	C	=D155	=C195	=B202-C202	
203	D	=D162	=C196	=B203-C203	
205	Material	eff. Bestellm.(Tkg)	BJ-Preis (€/kg)	Einkauf (T€)	
206	A	=B35	=B114	=B206*C206	
207	B	=B36	=B115	=B207*C207	
208	C	=B37	=B116	=B208*C208	
209	D	=B38	=B117	=B209*C209	
210				SU. **=SUMME(D206:D209)**	CF / Verbindl.
212	Material	Bestand (Tkg)	Preis (€/kg)	Bestand (T€)	
213	A	=B206-D200	=C206	=B213*C213	FIFO
214	B	=B207-D201	=C207	=B214*C214	
215	C	=B208-D202	=C208	=B215*C215	
216	D	=B209-D203	=C209	=B216*C216	
217				SU. **=SUMME(D213:D216)**	in BIL

Abbildung 2.15: Materialeinkauf und Bestände – Formeln

Sollten Ihnen die hier erörterten Ansätze mit vier Materialarten vielleicht zunächst als zu verwirrend erscheinen, verweise ich auf die Ausführungen in „Kosten, Investition, Finanzierung" – 3. Auflage 2000. Es wird dort vereinfachend unterstellt, dass für die gesamte Produktion nur ein einziges Rohstoffmaterial Verwendung findet. Am Prinzip der Rechnung ändert sich dadurch wenig.

Der Materialverbrauch wird neben Energie- und Müllaufwand als Hauptbestandteil der variablen Kosten aufgefasst.

Materialplan

Folgende Fragen gilt es zu klären (Überblick):

a1) Wie hoch ist der Bedarf der Materialart A bezogen auf ein Stück von ALPHA in kg?

a2) Wie hoch ist der Aufwand der Materialart A für ein Stück von ALPHA in EU?

a3) Wie hoch ist der Aufwand der Materialarten A, B, C und D für ein Stück von ALPHA in Euro?

b) Wie hoch ist die Gesamtmenge des Materialbedarfs von A für die gesamte Produktions-menge von ALPHA (kg)?

c) Wie hoch ist der Aufwand (Wert) des gesamten Materials A für das Produkt ALPHA in Euro?

d) Wie hoch ist der Gesamtwert des berechneten Verbrauchs von Material A für drei Produk-te?

e1) Wie hoch ist der Materialbestand von A (aus dem VJ in kg)?

e2) Wie hoch war der Materialpreis von A im VJ?

e3) Wie hoch ist der Neubedarf für das Material A (BJ-Menge in kg)?

f1) Wie hoch ist der Materialverbrauch von A aus dem VJ und dem BJ für die GuV in 1000 Euro?

f2) Wie hoch ist der gesamte Verbrauch von Material A für die GuV in 1000 Euro?

f3) Wie hoch ist der gesamte Materialeinsatz der vier Materialarten und drei Produkte für die GuV in 1000 Euro?

g) Wie hoch ist der Materialeinkauf für den CF-Plan (1000 Euro)?

h1) Wie hoch sind die theoretischen Bestellmengen (Tkg)?

h2) Wie hoch sind die effektiven Bestellmengen (Tkg)?

h3) Wie hoch ist der Wert des Bestandes von A (1000 Euro)

h4) Wie hoch ist der Gesamtwert aller Material-Bestände (1000 Euro)?

i) Wie sieht die Materialplanung in T-Kontenform aus?

2.3 Investitionsplan

32) Auch hier ist es notwendig, für die drei Produkte differenziert die entsprechenden Werte zu ermitteln und weiterzuverarbeiten. Um die Rechnung nicht zu sehr auszuweiten, gilt die Annahme:

Verwendung eines Maschinentyps für alle Produkte (Umrüstbarkeit durch Einsatz von produktspezifischen Formen). Die Beanspruchung der Kapazität einer Maschine fällt technisch bedingt je nach Produktart unterschiedlich aus.

Der Output einer Maschineneinheit bezogen auf den Abrechnungszeitraum (Jahr) in 1000 Stück ist wie folgt:
Zelle F55 – ALPHA: 12,6
Zelle F56 – BETA: 5,8 und
Zelle F57 - GAMMA: 4,2.

Somit produziert eine Maschineneinheit 12.600 Stück des Produktes ALPHA im Planungszeitraum (Jahr). Diese Eintragung übernehmen wir nach C220.

33) Festzustellen ist, wie viele Maschinen für die geplante Fertigungsmenge nötig sind. Vom bewussten Anlegen einer Maschinenkapazität, die als Reserve dient, wird bei der Planung abgesehen. Allerdings ergibt sich durch die Unmöglichkeit, Bruchteile von Maschinen anzuschaffen (vgl. AUFRUNDEN in der Zelle B225), letztlich doch ein Bestand an Maschinen, der geringfügig über dem Bedarf liegt.

34) Die geplante Fertigungsmenge soll in der Planperiode 244.000 Stück betragen (Zelle D3 übernommen nach B220). Der Maschinenbedarf ergibt sich nun für das Produkt ALPHA durch die Formel:

=b220/c220 in der Zelle E220 mit 19,4 Einheiten.

35) Für die Produkte BETA und GAMMA verfahren wir analog. Orientieren Sie sich bitte an Abbildung 2.16 und 2.17.

Maschinenzahl = Gesamtstückzahl je Produkt (in Planperiode) dividiert durch Kapazität je Maschine (jährlicher Output)

Die Zeile 220 hier nochmals im Überblick:

Kapazität der Maschinen?

a) Maß: Output (Produktionsmenge in TStck.)

b) Bezugszeitraum: 1 Jahr (Berichtsjahr)

c) Bezugsobjekt: Produktart (z.B. ALPHA)

        12,6 (TStk.)

Geplanter Output (z. B. für ALPHA in TStk.)?

        244

Notwendige Maschinen (Stück):

        Geplanter Output dividiert durch

        Kapazität der Maschinen

        244 / 12,6 = 19,4

36) Aus dem Vorjahr stehen uns Maschinen zur Verfügung. Ihre Anzahl ermitteln wir mit der Formel:
=SUMME(b231:b234) (Wert: 62).

37) Die Zahl der neu anzuschaffenden Maschinen ergibt sich nun in der Zelle E225 durch Subtraktion des Bestandes aus den Vorjahren (E224) vom Maschinenbedarf (E223) rechnerisch in Höhe von 29,3 Einheiten.

38) Zum praktisch relevanten Wert gelangen wir mit der Formel:

    =AUFRUNDEN(e225;0) in der Zelle B225.
    Es sind also 30 neue Maschinen anzuschaffen. Der Preis je Einheit beträgt 330 T€ (Zelle C50 nach E226). Die Investitionssumme steht in E227 mit:

    =b225*e226 in Höhe von 9900,0 T€.

	A	B	C	D	E	F
218	**Investitionsplan**					
219	Produkt	Output (TStk.)	Kapaz. (TStk.)		Inv.-Bedarf	
220	ALPHA	244	12,6		19,4	
221	BETA	301	5,8		51,9	
222	GAMMA	84	4,2		20,0	
223			Summe		91,3	
224			Bestand (Vorj.)		62	
225	AUFRUNDEN	30	Invest.-Bedarf (Stk.)		29,3	
226			Preis/Stk. (T€)		330,0	
227			Invest.-Summe (T€)		9900,0	aufgerundet
228						

Abbildung 2.16: Investitionsplan – Werte

	A	B	C	D	E
218	**Investitionsplan**				
219	Produkt	Output (TStk.)	Kapaz. (TStk.)		Inv.-Bedarf
220	ALPHA	=D3	=F55		=B220/C220
221	BETA	=D4	=F56		=B221/C221
222	GAMMA	=D5	=F57		=B222/C222
223			Summe		=SUMME(E220:E222)
224			Bestand (Vorj.)		=SUMME(B231:B234)
225	AUFRUNDEN	=AUFRUNDEN(E225;0)	Invest.-Bedarf (Stk.)		=E223-E224
226			Preis/Stk. (T€)		=C50
227			Invest.-Summe (T€)		=B225*E226
228					

Abbildung 2.17: Investitionsplan – Formeln

2.4   Abschreibungsplan

39) In einem Anlagegitter werden nun die Angaben der Zellen A46 bis F50 weiter bearbeitet. Eine stark vereinfachte Darstellung der Tabellenstruktur zeigt die Abbildung 2.18.

	A	B	C	D	E	F	G
1	**Abschreibungs-Plan**						
2	Anschaff.-Jahr	Masch.-Anzahl	Ansch.-Wert (T€)	Wert Anfang 20x1	Zu-gang	Abschr. in 20x1	Wert Ende 20x1
3	20x1 - 4	1	100	20	0	20	0

Abbildung 2.18: Abschreibungsplan – vereinfacht

Abschreibungsplan

Ziele:

Ermittlung der

- Aufwendungen für Anlagevermögen *(Erfolgsplan)*

- Ausgaben für Anlagevermögen *(CF-Plan)*

- Werte des Anlagevermögens *(Bilanzplan)*

Die verschiedenen Gesichtspunkte der Abbildung B -18 werden ausführlich dargestellt. Sie beziehen sich in jeweils einer Zeile auf Maschinen, deren Anschaffung im gleichen Jahr erfolgte:

a) Wie viele Abschreibungsjahre haben

    die Maschinen zurückgelegt?

4

b) Wie viele Maschinen wurden - beispielsweise vor

    4 Jahren - angeschafft?

1 (hier zur Vereinfachung)

c) Wie hoch ist der (historische) Anschaffungs-Wert?

    aa) einer Maschine?

100 T€

    bb) aller Maschinen des gleichen Anschaffungsjahres?

100 T€

d) Wie hoch ist der Wert der Maschinen am Anfang des

    Berichtsjahres (20x1)?

    aa) Abschreibungsjahre: 5

    bb) Abschreibungssatz: 20% linear

    cc) Gesamtabschreibung: 80%

    dd) Wert: 20% vom Anschaffungswert: 20 T€

e) Zugang? 0

f) Wie hoch ist die Abschreibung im Berichtsjahr (20x1)?

20% vom Anschaffungswert:

20 T€

g) Wie hoch ist der Wert am Ende des Berichtsjahres (20x1)?

   aa) Wert am Anfang des Berichtsjahres: minus 20

   bb) Abschreibung im Berichtsjahr: 20

   cc) Wert: 0 T€

Bezogen auf die einzelnen Anschaffungsjahre ermitteln wir die gesamten historischen Anschaffungswerte. Für die Maschinen des Jahres 20x1 – 4 (vor vier Jahren erworben) ergibt sich ein Anschaffungswert in der Zelle C231 mit der Formel:

=b231*c$46 von 1500 T€ (6 Maschinen zum Preis von 250.000 pro gekaufte Einheit gemäß Zelle C46).

40)   Wir kopieren diese Formel in die Zellen C232 bis C235.
Ein linearer Abschreibungsverlauf mit jeweils 20% Abschreibungssatz pro Jahr findet Anwendung.

41)   Die Zelle D231 belegen wir mit dem Bilanzwert der Maschinen am Anfang unseres Planjahres 20x1 durch die Formel:

=c231-(4*f46*c231) und erhalten als Wert 300 T€ (20% vom historischen Anschaffungswert 1500) oder:
Vier Abschreibungen (= 80% also 1.200) abgesetzt von 1500.
Auch diese Formel kopieren wir nach unten.

42)   Die Abschreibung für das aktuelle Planjahr – 20% vom Wert am Anfang des Berichtsjahres - errechnen wir in F231 mit:

=f$46*(c231+e231) und erhalten den Abschreibungsbetrag von 300 T€.

43)   Die Formel in der Zelle G231:

=(d231+e231)-f231 liefert den Wert am Ende des Planjahres 20x1 in Höhe von „0". Das heißt, die Maschinen dieses Jahres sind vollständig abgeschrieben.
Auch die Formeln der Zellen F231 und G231 kopieren wir in die jeweils darunter liegenden 4 Zellen.

Maschinenzugang

44)   Die Zeile 235 dient der Wertermittlung unserer neu anzuschaffenden Maschinen. B235 enthält die Anzahl:

=b225 (Eintragung: 30).

45)   Der Wert des Zugangs erscheint in E235 (9900 T€). Die Abschreibung und der Endwert werden durch die kopierten Formeln in F235 und E235 ermittelt (vgl. Abbildung 2.19 und 2.20).

46) Der in den Erfolgsplan (Zelle B251) zu übernehmende Abschreibungsbetrag steht in Zelle F237 (Eintragung: 5576 T€).

47) Der Wert unserer Maschinen am Ende unseres Planjahres 20x1 (Zelle G237 - Eintragung: 15.360 T€) wandert in die Schlussbilanz (Zelle B279).
Verprobung: Eintragung in D236 = B78 (Vorjahresbilanz)!

	A	B	C	D	E	F	G	H
229	**Abschreibungs-Plan**							
230	Anschaff-Jahr	Anzahl	A.-Wert (T€)	W. A. 20x1	Zugang	Abschr.	W. E.20x1	
231	20x1 - 4	6	1500	300	0	300	0	
232	20x1 - 3	13	3510	1404	0	702	702	
233	20x1 - 2	18	5220	3132	0	1044	2088	
234	20x1 - 1	25	7750	6200	0	1550	4650	9900
235	20x1	30	0	0	9900	1980	7920	5576
236				11036				4324
237				11036		5576	15360	

Abbildung 2.19: Abschreibungsplan – Werte

	A	B	C	D	E	F	G	H
229	A							
230	A	Anzahl	A.-Wert (T€)	W. A. 20x1	Zugang	Abschr.	W. E.20x1	
231	2(	=B46	=B231*C$46	=C231-(4*$F$46*C231)	0	=F$46*(C231+E231)	=(D231+E231)-F231	
232	2(	=B47	=B232*C$47	=C232-(3*$F$46*C232)	0	=F$47*(C232+E232)	=(D232+E232)-F232	
233	2(	=B48	=B233*C$48	=C233-(2*$F$46*C233)	0	=F$48*(C233+E233)	=(D233+E233)-F233	
234	2(	=B49	=B234*C$49	=C234-(1*$F$46*C234)	0	=F$49*(C234+E234)	=(D234+E234)-F234	=E235
235	2(	=B225	0	0	=B235*E226	=F$50*(C235+E235)	=(D235+E235)-F235	=F237
236				=SUMME(D231:D235)				=H234-H235
237				=B78		=SUMME(F231:F235)	=SUMME(G231:G235)	

Abbildung 2.20: Abschreibungsplan – Formeln

2.5   Erfolgsplan (Gesamtkostenverfahren - GKV)

Der Erfolgsplan wird zunächst nach dem Gesamtkostenverfahren erstellt.

48) Den Umsatz für das Produkt ALPHA ermitteln wir in der Zelle B239 mit der Formel:

=**c3*d3** und erhalten den Wert 27.328 T€.

49) Analog verfahren wir bei den Zellen B240 und B241.
In die Zelle B242 tragen wir die anderen aktivierten Eigenleistungen (a. a. EL.) ein durch Übernahme aus F64. Sie stellen einen zusätzlichen Ertragsfaktor dar.

Die Gesamtleistung errechnet sich mit:
=**SUMME(b239:b242)** - Wert: 54.680 (T€).

50) Aus den Zellen C189 und F65 können wir den Materialeinsatz (plus Materialanteil der anderen aktivierten Eigenleistung) übernehmen:

=**c189+f65** - Wert: 8.226,1 (T€).

51) Wenn wir die beiden Größen Gesamtleistung und Materialeinsatz gegeneinander saldieren

=**b243-b244** steht in B245 der Rohertrag als Zwischenergebnis.

52) Die Zelle D109 beinhaltet den produktiven und bezüglich der Produktionsmenge variablen – vereinfachend proportionalen - Personalaufwand zur Übertragung nach B246.

Den Anteil an Personalkosten an den anderen aktivierten Eigenleistungen addieren wir noch hinzu (F64-F65) – Wert: 76 (T€).

53) Die Gemeinkosten des Personalbereichs (Gehälter und sozialen Aufwendungen) werden im sonstigen Aufwand (Zelle B247) ausgewiesen.

54) Der sonstige Aufwand ergibt sich in der Zelle B247 aus:

=**e70+(c44+e44)+summe(b51:b68)** - indem wir zum Aufwandsrest die Gesamtwerte für Energie und Müll sowie die Summe von 18 Einzelpositionen hinzuaddieren – Wert: 26.060,8 (T€).

Sonst. Aufwand (Rest):	3.371,0
Energie:	1.184,0
Müll:	257,8
Einzelpositionen:	21.248,0
Summe	26.060,8

55) Die Zinsen für unser Darlehen errechnen wir in B248 mit:

=b70*(e81+c71), indem wir den Zinssatz von 7,8% anwenden auf den Darlehensbetrag des Vorjahres, zu dem wir die Darlehenserhöhung zu Beginn unseres Planjahres addieren. Analog dazu werden die Zinsen für kurzfristige Kredite in der Zelle B249 angesetzt. Der Einfachheit halber unterstellen wir, dass wir die Höhe der kurzfristigen Kredite aus dem Vorjahr beibehalten.

56) In B250 ermitteln wir als Zwischenergebnis mit der Formel:

=b245-summe(b246:b249) einen fiktiven Wert des Brutto-Cash-Flow (BCF). Unter Ausklammerung der Zahlungsweise bei Eingangs- und Ausgangsrechnungen erhalten wir eine Angabe darüber, wie sich unsere liquiden Mittel entwickeln sollten. Wir ziehen hier vom Rohertrag die baren Aufwendungen ab. Im CF-Plan ab Zeile 258 werden auch die zu erwartenden Zahlungsabläufe einbezogen.

57) Die Abschreibung für Maschinen tragen wir in B251 ein, indem wir den Wert aus F237 übernehmen.
Die Gebäudeabschreibung ermitteln wir in B252 mit der Formel:

=f41*b76 (2% des Wertes der Vorjahresbilanz von 4000 T€ – also 80 T€).

58) Unter Berücksichtigung des Satzes für Steuern von Einkommen und Ertrag der Zelle F70 in B255 erhalten wir den Überschuss nach Steuern in Höhe von 6.397 T€. Global tätige Unternehmen beziehen gelegentlich von Tochtergesellschaften in einem Ausland mit niedrigen Stundensatz Waren und Dienste zu völlig überhöhten Preisen. Die zu versteuernden Gewinne entstehen dann im Land des Lieferanten. Als Beispiel sei Werbematerial genannt. TV-Spots ausgeklügelte Werbekonzepte für Inserate oder nicht als solche erkennbare Reklame.

	A	B
238	**GUV-GKV 20x1 (T€)**	
239	Umsatz ALPHA	27.328,0
240	Umsatz BETA	20.468,0
241	Umsatz GAMMA	6.804,0
242	A. a. EL.	80,0
243	**Gesamtleistung**	**54.680,0**
244	Mat.-Einsatz	8.226,1
245	Rohertrag	46.453,9
246	Pers.-Aufw. (Prod.)	2.954,0
247	Sonst. Aufw.	26.060,8
248	Zinsen (Darlehen)	468,0
249	Zinsen (kfr.)	285,0
250	*BCF*	*16.686,1*
251	Abschr. (Masch.)	5.576,0
252	Abschr. (Gebäude)	80,0
253	**AUFWAND**	**43.649,9**
254	Überschuss v. St.	11.030,1
255	EE-Steuern (42%)	4.632,7
256	**Überschuss n. St.**	**6.397,5**
257		

Abbildung 2.21: Erfolgsplan-GKV (Werte)

	A	B
238	**GUV-GKV 20x1**	
239	Umsatz ALPHA	=C3*D3
240	Umsatz BETA	=C4*D4
241	Umsatz GAMMA	=C5*D5
242	A. a. EL.	=F64
243	**Gesamtleistung**	**=SUMME(B239:B242)**
244	Mat.-Einsatz	=C189+F65
245	Rohertrag	=B243-B244
246	Pers.-Aufw. (Prod.)	=D109+(F64-F65)
247	Sonst. Aufw.	=E70+(C44+E44)+SUMME(B51:B68)
248	Zinsen (Darlehen)	=B70*(E81+C71)
249	Zinsen (kfr.)	=C70*E82
250	*BCF*	*=B245-SUMME(B246:B249)*
251	Abschr. (Masch.)	=F237
252	Abschr. (Gebäude)	=F41*B76
253	**AUFWAND**	**=B244+B246+B247+B248+B249+B251+B252**
254	Überschuss v. St.	=B250-(B251+B252)
255	EE-Steuern (42%)	=B254*$F$70
256	**Überschuss n. St.**	**=B254-B255**
257		

Abbildung 2:22: Erfolgsplan-GKV (Formeln)

59) Als Folge der anderen aktivierten Eigenleistungen – beispielsweise für selbst realisierte Großreparaturen - ergeben sich die folgenden Eintragungen.

Andere aktivierte Eigenleistungen (a.a. EL.)
    (GuV: B242)
    =F84   80,0

Materialeinsatz
    (GuV: B244)
    =C189+F65   4,0
    für **a.a. EL.** wurde Material zusätzlich eingekauft

Personalaufwand
    (GuV: B246)
    =D109+(F64-F65)
    Produktions-Personalaufwand plus **a.a.EL.**(80,0) minus
    Material-Anteil (4,0)

Betriebs- und Geschäftsausstattung
    (Bilanz: B278)
    =B77+F64
    Vorjahreswert + **a. a. EL.**

Vorräte
    (Bilanz: B282)
    =D217
    normaler Rest-Bestand - **a.a.EL.** bleiben unberücksichtigt

Umsatz-Einzahlungen

(CF-Plan: B261)

$=(B239+B240+B241)*F60$

nur Umsatz mal 0,95 (ohne **a.a. EL**. - zusätzlich)

Material-Auszahlungen

(CF-Plan: B265)

$=D210*F61+F65$ 90% des Bestellwerts + Materialanteil

der a.a. EL.

Personal-Auszahlungen

(CF-Plan: B267)

$=D109+(F64-F65)$ wie GKV

Verbindlichkeiten

(Bilanz: E285)

$=D210*(1-F61)$

Material-Einkauf mal 0,10

Arbeitszuschlag

(Gemeinkosten: E576)

nicht B246 (GuV - mit **a.a.EL.**) direkt: D109

2.6   Erfolgsplan (Umsatzkostenverfahren - UKV)

Viele Unternehmungen stellen vom GKV auf das UKV um. Internationale Gepflogenheiten bei der Publikation von Zahlen spielen eine Rolle. Für Zwecke der Entscheidungsfindung und Analyse von Schwachstellen erscheint mir das Gesamtkostenverfahren in der Regel nützlicher.

60)   Um das Ergebnis nach dem Umsatzkostenverfahren auszuweisen, ist zunächst eine Verteilung der Gemeinkosten nach folgenden Kostenstellen erforderlich (Zellen C240 bis H246):

- Material/Lager
- Fertigung
- Verwaltung
- Vertrieb.

61) Die Aufteilung der einzelnen Beträge der Zellen D240 bis D245 kann auf der Basis verschiedener Bezugsgrößen erfolgen. Subjektive Entscheidungen spielen gemäß meinen Erfahrungen in der Praxis eine große Rolle (beispielsweise nach dem Tragfähigkeitsprinzip).
Die Abschreibungen für Maschinen und Gebäude werden in der Zelle D245 zusammengefasst (Eintragung: 5.576,0 plus 80,0 = 5.656,0).

Zur Kontrolle der richtigen Zuordnung der Gemeinkosten steht in D245 die Formel:

=summe(e245:h245) - wie in den fünf Zellen darüber analog.

	C	D	E	F	G	H
239	**Ko-Stellen**	SUMME	Mat./La.	Fertigung	Verwaltung	Vertrieb
240	GK f. Material	111	1	80	10	20
241	GK f. Löhne	5033	38	4995	0	0
242	Gehälter	7250	572	2478	2510	1690
243	GK f. soz. Auf.	11	2	5	2	2
244	GK f. sonst. Auf.	13500	575	4176	4824	3925
245	Abschreibung	5656	308	5.176,0	82	90
246	SUMME	31561	1496	16910	7428	5727
247		31561		gleich		
248						

Abbildung 2.23: Erfolgsplan-UKV Teil I – Werte

	C	D	E	F	G	H
239	Ko	SUMME	Mat./La.	Fertigung	Verwaltung	Vertrieb
240	GK	=SUMME(E240:H240) 1	80		10	20
241	GK	=SUMME(E241:H241) 38	4995		0	0
242	Ge	=SUMME(E242:H242) 572	2478		2510	1690
243	GK	=SUMME(E243:H243) 2	5		2	2
244	GK	=SUMME(E244:H244) 575	4176		4824	3925
245	Ab	=SUMME(E245:H245) 308	5176		82	90
246	ME	=SUMME(D240:D245)	=SUMME(E240:E245)	=SUMME(F240:F245)	=SUMME(G240:G245)	=SUMME(H240:H245)
247		=SUMME(E246:H246)		=WENN((B251+B252)=D245;"g		
248						

Abbildung 2.24: Erfolgsplan-UKV Teil I – Formeln

Herstellungskosten

62) Die Ermittlung erfolgt hier nach dem üblichen Rechenschema. Zum Einzelmaterial der Zelle E250 (entnommen aus B244) werden die Materialgemeinkosten der Kostenstelle Material/Lager (Zelle E251) hinzugerechnet (Zelle E252).

63) Die Fertigungskosten der Zelle E255 setzen sich aus den Einzellöhnen (Zelle B246 – übertragen nach E253) und den Gemeinkosten der Kostenstelle Fertigung (F246 – übertragen nach E254) zusammen.

64) Die Herstellungskosten der Abrechnungsperiode (ARP) stehen in E256 durch:
=e252+e255 als Summe aus Materialkosten (UKV) plus Fertigungskosten.

	D	E		D	E
249	Herstellungskosten (T€)		249	Herstellungskos	
250	Einzelmaterial	8.226,1	250	Einzelmaterial	=B244
251	Material-GK	1.496,0	251	Material-GK	=E246
252	Materialkosten	9.722,1	252	Materialkosten	=E250+E251
253	Einzellöhne	2.954,0	253	Einzellöhne	=B246
254	Fertigungs-GK	16.910,0	254	Fertigungs-GK	=F246
255	Fertigungsk.	19.864,0	255	Fertigungsk.	=E253+E254
256	HK. d. ARP	29.586,1	256	HK. d. ARP	=E252+E255
257	Bestandsmind	0,0	257	Bestandsmind.	0
258	Bestandserh.	0,0	258	Bestandserh.	0
259	Bestandsänd.	0,0	259	Bestandsänd.	=E257-E258
260	HK. des U.	29.586,1	260	HK. des U.	=E256+E259
261			261		

Abbildung 2.25: Herstellungskosten - UKV

65)   Zu beachten ist, dass beim UKV – wie schon der Name sagt - die Erlöse der Zelle
      E263 nur die erzielten Umsätze enthalten:

      =b239+b240+b241 – Wert: 54.600,0.

Bemerkungen

a)   *Ertragspositionen - wie beispielsweise andere aktivierte Eigenleistungen –
      gehören nicht in das eingeschränkte Mengengerüst. Es bezieht sich auf Umsätze, wie
      auch der Name des Verfahrens ausdrückt.*

b)   *Bestandsänderungen werden erst bei der kurzfristigen Erfolgsrechnung (KER – ab
      Zeile 393 – Teil C Schritt 39) einbezogen.
      Dadurch decken sich Herstellungskosten des Umsatzes (E260) mit den Herstellungs-
      kosten der Abrechnungsperiode.*

66)   Von den Umsatzerlösen zieht man die Herstellungskosten ab und erhält das Bruttoer-
      gebnis in der Zelle E265. Von letzteren subtrahieren wir:
      • Vertriebskosten (H246),
      • Verwaltungskosten (G246),
      • Sonstige betriebliche Aufwendungen (F67) und addieren hinzu
      • sonstige betriebliche Erträge (E268) – hier vereinfachend mit Wert 0. .

      Wir erhalten den Überschuss vor Steuern in der Zelle E270. Die Zahl dieser Eintra-
      gung muss wie der Überschuss nach Steuern mit den Werten des Gesamtkostenverfah-
      rens übereinstimmen.

	D	E			D	E	F
262	Umsatzkostenverfahren 2(			262	Umsatzk		
263	Umsatzerlöse	54.600,0		263	Umsatze	=B239+B240+B241	
264	Herstellungsk.	29.586,1		264	Herstellt	=E260	
265	BRUTTOERG.	25.013,9		265	JTTOERG.	=E263-E264	
266	Vertriebsk.	5.727,0		266	Vertriebs	=H246	
267	Verwaltungsk.	7.428,0		267	Verwaltu	=G246	
268	Sonst. b. Er.	0,0		268	Sonst. b.	0	
269	Sonst. b. A..	829,0		269	Sonst. b.	=F67	
270	**Uberschuss**	11.029,9	0	270	**Ubersc**	=E265-E266-E267+E268-E269	=(E272-B256)*2
271	EE-Steuern	4.632,5		271	EE-Steur	=E270*$F$70	
272	**Uberschuss**	**6.397,3**		272	**Ubersc**	=E270-E271	
273				273			

Abbildung 2.26: Erfolgsplan (UKV) – Formeln und Werte Zeile 262 bis 272

2.7 CF-Plan

In „Kosten, Investition, Finanzierung" (2000, Kapitel 12) wird eine Kapitalflussrechnung aus Bilanz und GuV abgeleitet. Analog zur dort dargestellten Berechnung der flüssigen Mittel („Fondstyp 1") errechnen wir diesen und den CF-Saldo nun eingebettet in den Gesamtplan.
Es geht darum, ein ausgewogenes Gleichgewicht zu erzielen zwischen den im folgenden Modell dargestellten Größen:

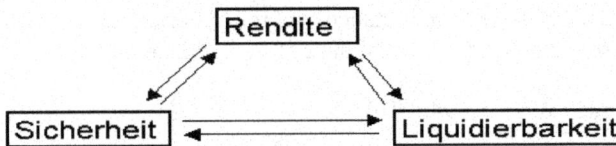

Finanz-Aspekte

67) Wir beginnen in C259 mit dem Anfangsbestand an flüssigen Mitteln, die wir aus der Vorjahresbilanz (Zelle B83) entnehmen. Wie diese sich entwickeln könnten, gilt es darzustellen. So können überraschend auftretende Engpässe eher frühzeitig erkannt werden.

Einzahlungen

68) In B260 tragen wir zur Auflistung der Einzahlungen den Wert der Forderungen aus B82 ein. Wir unterstellen, dass die alle Debitoren die ausstehenden Zahlungen in voller Höhe leisten. Für die Umsätze des aktuellen Planjahrs gilt die Annahme: Aus den Umsatzerlösen fließen 95 % an Einzahlungen zu (Angabe in Zelle F60).

Mit der Formel in B261:

=(b239+b240+b241)*f60 erhalten wir die Zahlungszuflüsse in Höhe von 51.870,0 T€ - die Umsätze der drei Produkte multipliziert mit dem Faktor 0,95 (95%) der zu erwartenden Zahlungsmoral unserer Debitoren.

69)   In der Zelle C261 stellen wir für die Bilanz entsprechend die Forderungen dar mit der Formel:

=(b239+b240+b241)*(1-f60)   und   erhalten   den   Betrag   2.730,0   T€ (5% der Umsatzerlöse).

70)   Die Darlehenserhöhungen in B262 entnommen aus der Zelle C71 schließen die Einzahlungen ab. In C263 summieren wir diese mit:

=b260+b261+b262 (Wert: 56.970,0 T€).

Auszahlungen

71)   In B264 tragen wir den Vorjahreswert unserer Verbindlichkeiten ein, den wir aus E83 übernehmen.

72)   Analog zu den Einzahlungen aus den Umsatzerlösen gehen wir in F61 von der Annahme aus, dass wir 90 % unserer Materialeinkäufe im Planungszeitraum bezahlen. Den Wert unserer Bestellungen haben wir im Materialplan in der Zelle D210 ausgewiesen. Die so entstehende Auszahlung ermitteln wir in B265 mit:

=d210*f61+f65 (Wert: 5.594,8 T€).

73)   Da unterstellt wird, dass der Materialanteil unserer anderen aktivierten Eigenleistungen im Abrechnungszeitraum zu bezahlen ist, wird die Eintragung der Zelle F65 einbezogen.

74)   Hinsichtlich unserer Maschineneinkäufe wird vermutet, dass wir in der Planperiode den vollen Betrag überweisen. Wir setzen in B266 den Verweis auf E235 (Wert: 9.900,0 T€).

75)   Auch bei den folgenden vier Positionen – Produktionslohn, sonstiger Aufwand, Zinsen sowie Steuern von Einkommen und Ertrag - unterstellen wir die Übereinstimmung der Aufwendungen mit den Auszahlungen – also Zahlung innerhalb des Abrechnungszeitraumes (vgl. Abbildungen 2.27 und 2.28).

76) Hinzu kommen die Rückstellung in Zelle B269 - also unter den Positionen „Auszahlungen" als Korrekturgröße. Sie müssen - wie bei der Kapitalflussrechnung - üblich von den sonstigen Aufwendungen als unbarer Aufwand abgezogen werden. In der Zelle B269 steht:

=b55 nämlich die Neueinstellung von Rückstellungen (Eintragung: 200 T€) und in C272:
=B264+B265+B266+B267+B268-*B269*+B270+B271 .

Zur Kontrolle lassen sich die flüssigen Mittel in T-Kontenform darstellen:

Flüssige Mittel			
Anfangsbest. (Bil.x0)	3.500	51.495	Auszahlungen
Einzahlungen	56.970	8.975	Endbestand (Bil. x1)
	60.470	60.470	

CF-T-Konto

Rückstellungen (RüSt)
(CF-Plan: B269)
B269 - muss vom sonst. Aufwand abgezogen werden -
da unbarer Aufwand!

Rückstellungen
(Bilanz:E282)
=E80+B55
Vorjahreswert + Neueinstellung

	A	B	C
258	**CF-Plan 20x1 (T€)**		
259	Anfangsbest. (fl. M.)		3.500,0
260	Restzahlung (Ford.)	4.100,0	
261	Umsatzeinz.(95%)	51.870,0	2.730,0
262	Darlehenserhöhung	1.000,0	
263	**EINZAHLUNGEN**		**56.970,0**
264	Restausg. (Verbind.)	1.800,0	
265	Materialeinkauf (90%)	5.594,8	
266	Zugang (Masch.)	9.900,0	
267	Prod.-Lohn	2.954,0	
268	Sonst. Aufwand	26.060,8	
269	Neueinstellung in RüSt. (-)	200,0	
270	Zinsen	753,0	
271	EE-Steuern	4.632,7	
272	**AUSZAHLUNGEN**		**51.495,2**
273	**CF (ZA.-SALDO +)**		5.474,8
274	**Endbest. (fl.M.)**		8.974,8

Abbildung 2.27: CF-Plan – Werte

	B	C
258		
259		=B83
260	=B82	
261	=(B239+B240+B241)*F60	=(B239+B240+B241)*(1-F60)
262	=C71	
263		**=B260+B261+B262**
264	=E83	
265	=D210*F61+F65	**Minus !!!**
266	=E235	
267	=D109+F64-F65	
268	=B247	
269	=B55	
270	=B248+B249	
271	=B254*$F$70	
272		**=B264+B265+B266+B267+B268-B269+B270+B271**
273		=C263-C272
274		=C259+C273

Abbildung 2.28: CF-Plan – Formeln

2.8 Plan-Bilanz

Der CF-Plan hat uns Planwerte geliefert für:
- Forderungen
- Verbindlichkeiten und
- Flüssige Mittel.

Auf der Basis der vorausgehenden Pläne ist es möglich, eine Bilanz für das Ende unseres Abrechnungszeitraumes zu erstellen.

Aktiva

77) In B277 tragen wir den neuen Wert für Grundstücke und Gebäude – unter Berücksichtigung der Abschreibung – ein:

=(1-f\$41)*b\$76 und erhalten den Wert: 3.920,0 T€.

78) Die Betriebs- und Geschäftsausstattung (BGA) übernehmen wir vereinfachend unverändert aus dem Vorjahr in Zelle B278:

=b77+f64 - Wert: 180,0 T€.
Zum Vorjahreswert addieren wir die anderen aktivierten Eigenleistungen.

79) Aus dem Anlagegitter setzen wir den Endbetrag der Maschinen (=g$237) in die Zelle B279 ein - Wert: 15.360,0 T€.
Die Finanzanlagen übernehmen wir unverändert aus der Vorjahresbilanz (vgl. Abbildung A-7 in Kapitel A des 2. Teils).

80) Der Materialplan liefert uns den Wert unserer Vorräte in der Zelle B282 mit der Eintragung:

=**d217** (Wert: 1.739,9 T€).

81) Die Forderungen haben wir im CF-Plan als Prozentsatz vom Umsatz (100 minus F60 = 5 %) ermittelt. Wir setzen sie in B283 mit:

=**c261** (Wert: 2.730,0 T€).

82) Die flüssigen Mittel bilden den Abschluss unserer Aktivposten in B284, wo wir aus dem CF-Plan eintragen:

=**c274** (Wert: 8.974,8 T€).

Passiva

83) Das gezeichnete Kapital übernehmen wir unverändert in die Zelle E277 mit:

=**e76** - Wert: 12.186,0 T€.

84) Auch die Rücklagen bleiben hier noch unverändert. In E278 setzen wir:

=**e77** - Wert: 5.000,0 T€.

85) Der Überschuss wird als noch nicht ausgeschüttet oder sonstigen Zwecken zugeführt unterstellt und aus dem Erfolgsplan in E279 geholt:

=**b256** - Wert: 6.397,5 T€.

86) Die Rückstellung setzen sich aus dem Wert der Vorjahresbilanz plus den Neueinstellungen zusammen:

=**e80+b55** – Wert 700 T€.

87) Die Darlehen steigen gemäß Angabe (Zelle C71) zu Beginn des Planjahres um 1.000,0 T€:

=**e81+c71** – Wert: 6.000 T€.

88) Unsere kurzfristigen Kredite lassen wir zum Zweck der Vereinfachung der Darstellung unverändert:

=e82 – Wert 3000 T€.

89) Analog zur Berechnung unserer Auszahlungen für Materialeinkäufe im CF-Plan (Zelle B265) tragen wir in E285 die verbleibenden Verbindlichkeiten (10% des Bestellwertes) ein mit der Formel:

=d210*(1-f61) und erhalten die Eintragung 621,2 T€.

90) Die Übereinstimmung der Summen von Aktiv- und Passivseite prüfen wir in der Zelle D288 mit der Formel:

=b287-e287 – Wert: 0,0

	A	B	C	D	E	F
276	**Plan-Bilanz 20x1 (T€)**	**AKTIVA**			**PASSIVA**	
277	Grundst./Gebäude	3.920,0		Gez. Kapital	12.186,0	
278	BGA	180,0		Rücklagen	5.000,0	6.397,3
279	Maschinen	15.360,0		Überschuss	6.397,5	6397,5
280	Finanzanlagen	1.000,0		*******	******	
281	**AV**	**20.460,0**		**EK**	**23.583,5**	
282	Vorräte	1.739,9		Rückstell.	700,0	
283	Forderungen	2.730,0		Darlehen	6.000,0	
284	Fl. Mittel	8.974,8		Kfr. Kredite	3.000,0	
285	*******	******		Verbindlichk.	621,2	
286	**UV**	**13.444,7**		**FK**	**10.321,2**	
287	*Summe*	**33.904,7**		*Summe*	**33.904,7**	
288					0,0	

Abbildung 2.29: Plan-Bilanz – Werte

	A	B	C	D	E	F
276	**Plan-Bilanz 20x1 (T€)**	**AKTIVA**			**PASSIVA**	
277	Grundst./Gebäude	=(1-F$41)*B$76		Gez. Kapital	=E$76	
278	BGA	=B77+F64		Rücklagen	=E77	=E272
279	Maschinen	=G$237		Überschuss	=B$256	=B256
280	Finanzanlagen	=B79		******	******	
281	**AV**	**=SUMME(B277:B280)**		**EK**	**=SUMME(E277:E279)**	
282	Vorräte	=D217		Rückstell.	=$E$80+B55	
283	Forderungen	=C$261		Darlehen	=E$81+C71	
284	Fl. Mittel	=C$274		Kfr. Kredite	=E$82	
285	******	******		Verbindlichk.	=D210*(1-F61)	
286	**UV**	**=SUMME(B282:B284)**		**FK**	**=SUMME(E282:E285)**	
287	*Summe*	**=B281+B286**		*Summe*	**=E281+E286**	
288				=B287-E287		

Abbildung 2.30: Plan-Bilanz – Formeln

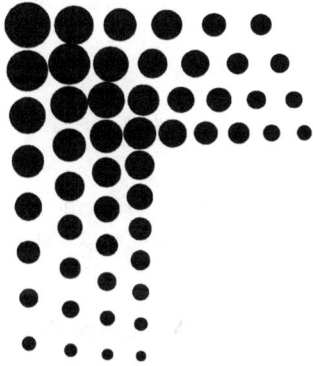

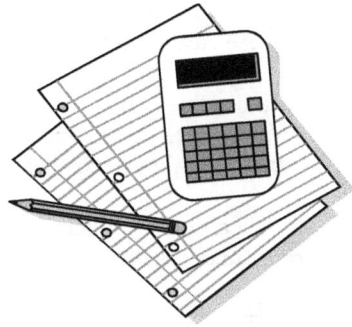

3 Konkrete Planung:
Internes Rechnungswesen

3.1   Kostenauflösung

1)   Kosten lassen sich in Abhängigkeit von der jeweiligen Bezugsgröße in variable und
fixe Komponenten aufteilen. Als Bezugsgröße oder Kostentreiber (cost driver) eignen
sich beispielsweise Leistungsmengen, die den Grad der Beschäftigung ausdrücken.
Anschaulich zu Tage tritt die Auslastung vorhandener Kapazitäten bei der Anschaffung und Nutzung von:
- o   Telefon,
- o   Strom oder
- o   Kraftfahrzeugen.

Hier gibt es bekanntlich zeitabhängige Grundgebühren, die für eine Bereitstellung und
Aufrechterhaltung der Möglichkeit zum Erbringen von Leistungen anfallen (Vorab-
Kosten). Sie sind fix in bezug auf die Leistungsmengen.

Die Inanspruchnahme von Leistungseinheiten verursacht variable Kosten:
- o   Gesprächsdauer,
- o   Kilowattstunde oder
- o   gefahrener Kilometer.

Diese Beispiele erlauben eine deutliche abrechnungstechnische Trennung.

2)   Zu beachten ist: Fixe Kosten lassen sich nicht immer mit Gemeinkosten gleichsetzen.
Viele Arten von Gemeinkosten beinhalten variable Komponenten, die auch einen kurzfristigen Abbau erlauben.

Neben rein variablen und rein fixen Kosten gibt es Mischkosten. Sie setzen sich aus fixen und variablen Anteilen zusammen.

Nun soll mit dem vorliegenden Datenmaterial des Gesamtplans eine Kostenspaltung
(Kostenauflösung) erstellt werden. Mischkosten werden hier nicht einbezogen.

3)   Das Ziel ist, die gesamten Kosten möglichst realitätsnah zuzuordnen.
Um die Arbeit zu erleichtern, holen wir die benötigten Daten von oben jeweils bezogen auf die drei Produkte:
Zelle B292 (Produktionsmenge):
=d3
Zelle C292 (Verkaufspreis):
=c3
Zelle E292 (variable Personalkosten):
=b3

4)   Für die Eintragungen der beiden darunter liegenden Zeilen orientieren Sie sich bitte an
Abbildung 3.1 und 3.2

5)   Den Preis pro kg des gesamten Materialeinsatzes für das Produkt ALPHA tragen wir
in die Zelle D298 ein mit:

5) Den Preis pro kg des gesamten Materialeinsatzes für das Produkt ALPHA tragen wir in die Zelle D298 ein mit:

=d118 – wobei wir hier vereinfachend die Preise des aktuellen Berichtsjahres ansetzen.

6) Die Zelle E298 dient der Ermittlung der variablen Kosten für ein Stück des Produktes ALPHA. Sie setzen sich zusammen aus jeweils variablen Kosten für:
Personal (E292),
Material (D298),
Energie (B41) und
Müll (D41) – Wert: T€ 19,2.

7) In der Zelle F298 ermitteln wir die variablen Kosten für die gesamte Produktion (244.000 Einheiten) von ALPHA im Abrechnungszeitraum:

=b292*e298 – Wert: T€ 4.672,6.

8) Die Summe aller variablen Kosten für die Produktion von ALPHA, BETA und GAMMA erhalten wir in F301 mit:

=summe(f298:f300) – Wert: T€ 11.478,8.

9) Da wir bei den Materialkosten die niedrigeren Werte des Berichtsjahres eingesetzt haben, errechnen wir zusätzlich die variablen Gesamtkosten unter Berücksichtigung der höheren Preise des Vorjahres. In die Zelle F302 tragen wir nun ein:

=d109+c189+c44+e44 – Wert: T€ 12.541,9.

10) In der hier verwendeten Zelle C189 stehen die tatsächlichen Aufwendungen für Material. Diesen Wert verwenden wir zur Errechnung des gesamten Deckungsbeitrages in der Zelle E304. Wir erhalten den Überschuss in gleicher Höhe wie bei der Erfolgsrechnung. Es könnte aber auch durchaus sinnvoll sein, für das interne Rechnungswesen den Wert der Zelle F301 zu benutzen.

Datei Bearbeiten Ansicht Einfügen Format Extras Daten Fenster ?

	A	B	C	D	E	F
290	**Kosten-Auflösung**					
291		m (TStk)	p	m*p	kv-per	
292	ALPHA	244	112	27328	3,9	
293	BETA	301	68	20468	5,2	
294	GAMMA	84	81	6804	4,3	
295				54600		
296						
297					p/kg	PER+MAT+EN+ MÜLL	m*kv
298	ALPHA				13,74	19,2	4672,6
299	BETA				8,22	16,2	4879,2
300	GAMMA				15,86	22,9	1927,0
301						KV (T€)	11478,8
302	Preise von x01			Mat.-Mittelwert		KV (T€)	12541,9
303							
304		sonst. Aufw.	24.619		DB	42058,13
305		Zins	753		KF	31028
306		AfA	5.656,0		Ü.v.St.	11030,1
307		KF	31.028		EE-St.(42%)	4632,7
308					Ü.n.St.	6397,5	6397,3
309	KF	KV/U(Mittelw.)	21,0%	ALPHA	BETA	GAMMA
310	BE(m) = -----------			45%	20%	35%
311	p - kv			13.963	6.206	10.860
312		ALPHA	150,4			
313		BETA	119,8			
314	**BE** für ALPHA:	GAMMA	187,0			

Abbildung 3.1: Kostenauflösung – Werte

	A	B	C	D	E	F
290	**K**					
291		TStk)	p	m*p	kv-per	
292	HA	=D3	=C3	=B292*C292	=B3	
293	TA	=D4	=C4	=B293*C293	=B4	
294	AA	=D5	=C5	=B294*C294	=B5	
295				=SUMME(D292:D294)		
296						
297					p/kg	PER+MAT+EN+ MÜLL	m*kv
298	HA			=D118	=E292+D298+B41+D41	=B292*E298
299	TA			=D126	=E293+D299+B42+D42	=B293*E299
300	AA			=D134	=E294+D300+B43+D43	=B294*E300
301						KV (T€)	=SUMME(F298:F300)
302	01			Mat.-Mittelwert		KV (T€)	=D109+C189+C44+E44
303							
304		Aufw.	=B247-(C44+E44)		DB	=D295-F302
305		Zins	=B248+B249		KF	=C307
306		AfA	=B251+B252		Ü.v.St.	=E304-E305
307		KF	=SUMME(C304:C306)		EE-St.(42%)	=E306*$F$70
308					Ü.n.St.	=E306-E307	=E272
309		elw.)	=F301/D295	ALPHA	BETA	GAMMA
310				0,45	0,2	0,35
311				=C307*D310	=$C$307*E310	=$C$307*F310
312		PHA	=D311/(C292-E298)			
313		BETA	=E311/(C293-E299)			
314	**B**	MMA	=F311/(C294-E300)			
315		Ve	=C3			

Abbildung 3.2: Kostenauflösung – Formeln

11)   In der Zelle C304 erfassen wir nur die fixen sonstigen Aufwendungen. Es sind also die als variabel behandelten Energie- und Müllanteile vom Betrag der GuV (GKV) abzuziehen:

=b247-(c44+e44) – Wert: 24.619,0.

12)   Als weitere Fixkosten werden in den Zellen C305 und C306 Zinsen und Abschreibungen definiert.

Sicherheitshalber ermitteln wir in E308 den Überschuss nach Steuern, der mit den Beträgen der Erfolgsrechnungen übereinstimmt, weil wir – wie eben dargelegt – die variablen Gesamtkosten der Zelle F302 zugrundelegen.

13)   Es bedarf in der Praxis erheblicher Anstrengungen, den in der Zelle C307 ausgewiesenen Betrag der fixen Kosten (KF) den einzelnen Produkten sinnvoll (verursachungsgerecht, tragbar etc.) zuzuordnen. Abweichend von dem als Anschauungsobjekt dienenden praktischen Fall verwende ich hier (in den Zellen D310 bis F310) zur Vereinfachung gerundete Zahlen:

ALPHA	BETA	GAMMA
45%	20%	35%

14)   Im weiteren Verlauf (ab Zeile 526) wird mit Methoden der Zuschlagskalkulation und Prozesskostenrechnung versucht, zu exakteren Lösungen zu gelangen.

3.2   Break-Even-Analyse (Gewinnschwelle)

DB   BE

Wir gehen von einem Fotoautomaten zur Erstellung von Paßbildern aus und fragen:

a) Welchen Preis erzielen wir für ein Stück – hier eine Bilderserie?

  8 Euro

b) Was verursacht eine Bilderserie an direkt zurechenbaren (variablen)
Kosten für Papier, Toner und Strom?

  1 Euro

c) Wie hoch ist unser Stück-Deckungsbeitrag?

> Stückpreis   minus   variable   Stückkosten   =
> Stück-Deckungsbeitrag

 8 minus 1 = 7 Euro

d) Wie hoch sind unsere fixen Kosten (beispielsweise pro Monat)?

  700 Euro

e) Wie viele Bilderserien müssen wir zur Deckung der fixen Kosten verkaufen?

> Fixkosten dividiert durch Stück-Deckungsbeitrag = Gewinnschwelle

 700/7 = 100 (Stück)

f) Welchen Überschuß erzielen wir beim Verkauf von 200 Stück?

> Menge mal (Stückpreis minus variable Stückkosten) minus Fixkosten
> = Überschuß

 200*7-700 = 700 Euro

Berechnungsansatz

15) Ziel der Gewinnschwellen-Analyse ist die Untersuchung des Zusammenhangs zwischen Umsatzmenge und Ertragsentwicklung. Es geht darum, den Beschäftigungsgrad (ausgedrückt als verkaufte Menge in Stück) herauszufinden, bei dem der Umsatz die Gesamtkosten deckt. Dieser Beschäftigungsgrad entspricht der Gewinnschwelle. Was darüber hinaus geht, dient der Erzielung von Gewinn.

Damit erhält man Anhaltspunkte zur Beurteilung von Risiken und damit zur Entscheidungsfindung – beispielsweise bei Fragen der Produktförderung.

16) Die variablen Kosten entsprechen der Annahme eines proportionalen Verlaufs zum Mengenumsatz. Dies ergibt den idealtypischen linearen Gesamtkostenverlauf. Auch der Verkaufspreis als Komponente des Umsatzes wurde konstant angesetzt.
Zusammenhänge zwischen Umsatz, Gesamtkosten und Erfolg stellen wir für das Produkt ALPHA tabellarisch und dann grafisch dar.

17) Die variablen Kosten werden in der Zelle B318 als Prozentwert vom Umsatz ausgedrückt:
=e298/c292 – Wert: 17,1%.

18) Die Gesamtkosten ermittelt wir in der Zelle B323 aus den variablen Gesamtkosten (als Produkt von Umsatz und prozentualem variablen Stückkostenanteil am Umsatz) plus Fixkosten:

=$b319+$b$321 – Wert: 18.635.

19) Damit erhalten wir in den Zellen C324 bis F325 (vgl. Abbildung 3.3) für den Erfolg den Wert „0" bei einem Umsatz, der zwischen 15.680 und 17.920 liegt. Die Zeilen 324 und 325 stellen somit die Gewinnschwelle dar. Im Diagramm entspricht dieser Wert dem Schnittpunkt von Umsatz und Gesamtkosten.

20) Die Zelle C312 dient der Berechnung der Gewinnschwelle („Break-Even-Menge", kurz: „BE-Menge") für das Produkt ALPHA. Es soll hier der Mengenumsatz ermittelt werden, bei dem Gesamtkosten und (Gesamt-) Umsatz sich im Gleichgewicht befinden.
Eine Ausweitung des Mengenumsatzes führt zu einem positiven Gesamterfolg. Der Gewinnbereich beginnt mit Überschreitung der BE-Menge.
Zur Ermittlung der BE-Menge verwenden wir Formeln mit folgender Notation:
Mengenumsatz (BE-Menge) = m
Stückpreis = p
BE-Umsatz = U
Fixe Kosten (gesamt) = Kf
Variable Kosten (Stück) = kv

$$m = \frac{Kf}{p-kv}$$

21) Wir tragen in C312 ein:
=d311/(c292-e298) – Wert: 150,4.

Der Klammerausdruck „(c292-e298)" stellt den Deckungsbeitrag (Stückpreis minus variable Stückkosten) dar. Diese Größe gibt an, welchen Anteil unser Stückpreis zur Begleichung der fixen Kosten leistet. Ab einer Absatzmenge, die über der BE-Menge „m" liegt, dient der Deckungsbeitrag in voller Höhe der Gewinnerzielung. Oder: Nach erfolgter Erwirtschaftung der Fixkosten steigt der Gewinn mit jedem erzielten Deckungsbeitrag in Höhe dieses Deckungsbeitrags. Man könnte also als Ziel formulieren: Einsammeln möglichst hoher Deckungsbeiträge.

Zur Berechnung des BE-Umsatzes verwenden wir folgenden Ansatz:

$$U = \cfrac{Kf}{\cfrac{p-kv}{p}}$$

22) Entsprechend setzen wir in die Zelle B328 die Formel:
=b319/(b315-(b318*b315))*b315 – Wert: 16.842,3.

Die Herleitung dieser Formeln finden Sie in Haas 2000, Kapitel 2.
Der Ausdruck im Nenner „(p-kv)/p" stellt den Deckungsbeitrag in Prozent dar. Er wird auch **Deckungsbeitragskennzahl** genannt.

	A	B	C	D	E	F	G
			=B330*C50				
314	**BE für ALPHA:**	GAMMA	187,0				
315	Verkaufspreis	112					
316	Mengenumsatz	244	m	Umsatz	Ges.-K.	Ü.	bare Ges.-K.
317	Umsatz (€)	27328	0	0	13962,6	-13962,6	12642,6
318	Var. Kosten (%)	17,1%	20	2240	14345,6	-12105,6	13025,6
319	Fixkosten (€)	13.963	40	4480	14728,6	-10248,6	13408,6
320			60	6720	15111,6	-8391,6	13791,6
321	Var. Gesamtk. (€)	4672,6	80	8960	15494,6	-6534,6	14174,6
322	DB (ges.-EU)	22655,4	100	11200	15877,6	-4677,6	14557,6
323	Gesamtkosten	18.635	120	13440	16260,6	-2820,6	14940,6
324			140	15680	16643,6	-963,6	15323,6
325	Erfolg (€)	8692,8	160	17920	17026,6	893,4	15706,6
326			180	20160	17409,6	2750,4	16089,6
327			200	22400	17792,6	4607,4	16472,6
328	BE-Umsatz	16842,3	220	24640	18175,6	6464,4	16855,6
329			240	26880	18558,6	8321,4	17238,6
330	Inv.-Bedarf (Masch.,Stk.)	20,0	260	29120	18941,6	10178,4	17621,6
331	Inv.-Bedarf (Masch.,T€)	6600	280	31360	19324,6	12035,4	18004,6
332	AfA (p.a.)	1320	300	33600	19707,6	13892,4	18387,6

Abbildung 3.3: Break-Even-Analyse – Werte

Produktbezogene Gewinnschwelle

23) Zur Bestimmung des produktbezogenen BE-Punktes bereiten die Größen Deckungsbeitrag in absoluter Form „(p-kv)" oder als Deckungsbeitragskennzahl „(p-kv)/p" auch
bei einer Vielzahl von Produkten keine großen Schwierigkeiten.

Den Wert des Zählers „fixe Kosten" hingegen genau zu ermitteln, erfordert eine Rela-
tivierung des Prinzips der verursachungsgerechten Zuordnung.

Auch wenn die Größe der fixen Kosten auf das einzelne Produkt bezogen sich einer
exakten Bestimmung entzieht bzw. unverhältnismäßigen Aufwand erfordert, ist deren
schätzungsweiser Ansatz für die BE-Analyse nützlich.

Gewinnschwelle mit baren Gesamtkosten

24) Wir wollen nun den Punkt ermitteln, bei dem unsere Ausgaben gedeckt werden. Er
wird in den USA „Out-off-pocket-point" genannt und kennzeichnet die Preisunter-
grenze im Hinblick auf Liquiditätsgesichtspunkte.

Kosiol hat diese Betrachtungsweise als „pagatorische" Kosten bezeichnet. Die ausga-
benbedingenden Kosten, die man durch Abzug der kalkulatorischen Abschreibungen
von den Gesamtkosten erhält, werden nun mit dem Umsatz verglichen.
Zur weiteren Verfeinerung können die Abschreibungen auch um andere Kosten, die
kurzfristig keine Wirkung auf die Liquidität haben, ergänzt werden. In Frage kommen
die für anteilig eingesetztes Eigenkapital errechneten kalkulatorischen Zinsen.

25) In die Zelle A330 setzen wir abgekürzt:

Inv.-Bedarf (Maschinen, Stück) und in B330 übertragen wir unseren Maschinenbedarf für das Produkt ALPHA mit:

=AUFRUNDEN(e220;0) – Wert: 20,0, da 19,4 Maschinen keinen Sinn ergeben. In
die Zelle A331 schreiben wir:

Inv.-Bedarf (Maschinen, T€) und in B331:

=b330*c50 – Anzahl der Maschinen multipliziert mit dem Preis für eine Einheit: Wert:
6.600.

315	Verkaufspreis	=C3			
316	**Mengenumsatz**	=D3		**m**	**Umsatz**
317	Umsatz (€)	=B315*B316		0	=C317*$C$3
318	Var. Kosten (%)	=E298/C292		20	=C318*$C$3
319	Fixkosten (€)	=D311		40	=C319*$C$3
320				60	=C320*$C$3
321	Var. Gesamtk. (€)	=B318*B317		80	=C321*$C$3
322	DB (ges. - EU)	=B317-B321		100	=C322*$C$3
323	Gesamtkosten	=$B$319+$B$321		120	=C323*$C$3
324				140	=C324*$C$3
325	Erfolg (€)	=B317-(B319+B321)		160	=C325*$C$3
326				180	=C326*$C$3
327				200	=C327*$C$3
328	**BE-Umsatz**	**=B319/(B315-(B318*B315))*B315**		220	=C328*$C$3
329				240	=C329*$C$3
330	Inv.-Bedarf (Masch.,Stk.)	=AUFRUNDEN(E220;0)		260	=C330*$C$3
331	Inv.-Bedarf (Masch.,T€)	=B330*C50		280	=C331*$C$3
332	AfA (p.a.)	=B331/5		300	=C332*$C$3
333					

Abbildung 2.4: Break-Even-Analyse – Formeln BE-Menge und BE-Umsatz

	E	F	G
315			
316	**Ges.-K.**	**Ü.**	**bare Ges.-K.**
317	=D317*$B$318+$B$319	=D317-E317	=(D317*$B$318+$B$319)-$B$332
318	=D318*$B$318+$B$319	=D318-E318	=(D318*$B$318+$B$319)-$B$332
319	=D319*$B$318+$B$319	=D319-E319	=(D319*$B$318+$B$319)-$B$332
320	=D320*$B$318+$B$319	=D320-E320	=(D320*$B$318+$B$319)-$B$332
321	=D321*$B$318+$B$319	=D321-E321	=(D321*$B$318+$B$319)-$B$332
322	=D322*$B$318+$B$319	=D322-E322	=(D322*$B$318+$B$319)-$B$332
323	=D323*$B$318+$B$319	=D323-E323	=(D323*$B$318+$B$319)-$B$332
324	=D324*$B$318+$B$319	=D324-E324	=(D324*$B$318+$B$319)-$B$332
325	=D325*$B$318+$B$319	=D325-E325	=(D325*$B$318+$B$319)-$B$332
326	=D326*$B$318+$B$319	=D326-E326	=(D326*$B$318+$B$319)-$B$332
327	=D327*$B$318+$B$319	=D327-E327	=(D327*$B$318+$B$319)-$B$332
328	=D328*$B$318+$B$319	=D328-E328	=(D328*$B$318+$B$319)-$B$332
329	=D329*$B$318+$B$319	=D329-E329	=(D329*$B$318+$B$319)-$B$332
330	=D330*$B$318+$B$319	=D330-E330	=(D330*$B$318+$B$319)-$B$332
331	=D331*$B$318+$B$319	=D331-E331	=(D331*$B$318+$B$319)-$B$332
332	=D332*$B$318+$B$319	=D332-E332	=(D332*$B$318+$B$319)-$B$332
333			

Abbildung 3.5: Break-Even-Analyse – Formeln (Teil II)

26)   In A332 folgt:
AfA(p.a.) Abschreibung pro Jahr und in B332:
=b331/5 – lineare Abschreibung über 5 Jahre: Wert: 1.000.
In die Zelle G316 geben wir ein:

bare Ges.-K. (Gesamtkosten) und in G317:
=(d317*b318+b319)-b332 – Wert: 12.962,6.
Diese Formel kopieren wir nach unten in die Zellen G318 bis G332.

Diagramm

27) Wir markieren C316 bis G332, klicken auf das Diagrammsymbol.
In Schritt 1 wählen wir „Linie" und den Untertyp „Linien" und klicken auf „Weiter >".

In Schritt 2 wählen wir den Ordner „Reihe" und geben hinter „Beschriftung der Rubrikenachse (X):" ein:

=Tabelle1!$C$316:$G$332
und klicken auf „Weiter >".
In Schritt 3 lassen wir „Legende hinzufügen" auf „Ja", als Diagrammtitel geben wir ein:

Gewinnschwellen-Analyse mit baren Gesamtkosten
als Achsenbeschriftung für die Rubriken (X):
Mengenumsatz und für die Größen (Y):

€ und klicken auf „OK".

Vergleichen Sie bitte Ihren Bildschirm mit der Abbildung 3.6.

Ein Doppelklick auf das eingebettete Diagramm bringt die Möglichkeit, es zu bearbeiten. Orientieren Sie sich dazu bitte an der in Abbildung C-7 dargestellten Grafik.

Sie sehen nun den Out-off-pocket-Punkt, der bei einem Mengenumsatz von deutlich unter „150" Stück zu einer Deckung der Kosten führt. Die kurzfristig zahlungsunwirksamen kalkulatorischen Abschreibungen werden bei dieser Betrachtung ausgeklammert.

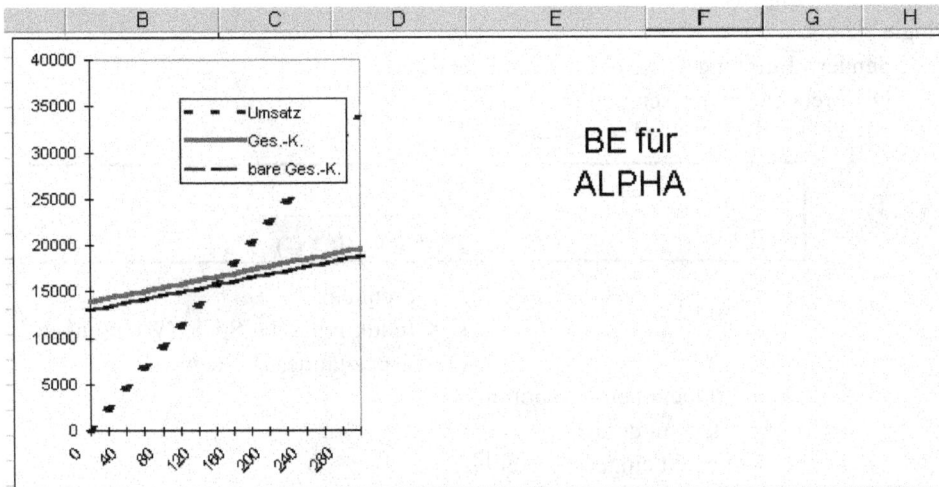

Abbildung 3.6: Gewinnschwellen-Analyse mit baren Gesamtkosten – Diagramm

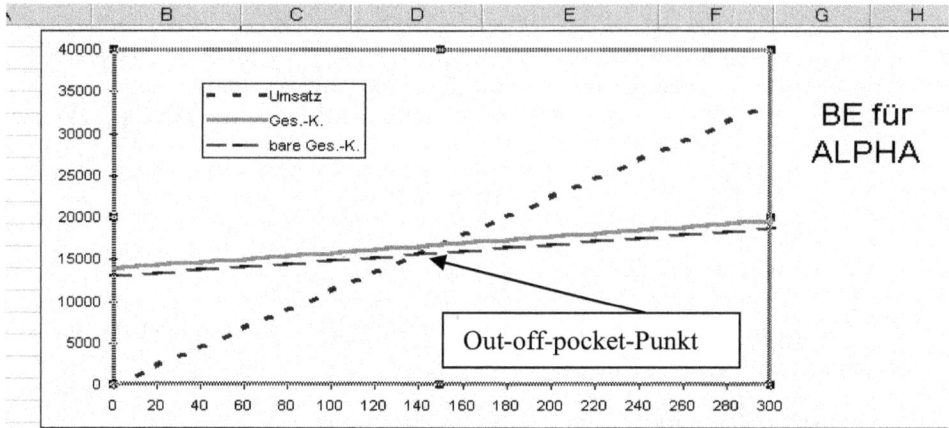

Abbildung 3.7: Break-Even-Analyse – Out-off-pocket-Punkt

Wenn bei der Zuordnung von Fixkosten erhebliche Willkür unvermeidbar war, kann dieser Ansatz nur als grobe Orientierung angesehen werden.

3.3　　Relativer Deckungsbeitrag

ENGPASS

Typisch für moderne Unternehmen ist
eine hohe Komplexität.

　　viele Elemente

　　funktioniert das Zusammenspiel ?

　　　　Engpass

Analogie

　　Sender - Empfänger und die verwendeten Geräte

　　Die Frequenzen müssen übereinstimmen.

　　Hierbei spielt folgende Formel eine Rolle:

$$f = \frac{1}{2*p*SQR\,(L * C)}$$

　　　　f　= Frequenz

　　　　L　= Induktivität der Spule (Wicklungen)

　　　　C = Kapazität des Kondensators

　　a) ein Element herausgenommen,

　　b) ein Element defekt,

　　c) nicht exakt eingestellt - Folge:

　　Es droht eine Störung oder Stillstand wichtiger Abläufe.

　　Beispiel: Ausfall eines Mitarbeiters und seines Know How

X-Faktoren (unbekannte Einflüsse)
    Wo liegt der Engpass?
Qualitative („weiche") Faktoren
    Organisation
    Betriebsklima
    Qualifikation der Mitarbeiter
    Verträge (Absatz/Beschaffung)
    Produktionsmethoden
        „Rezepte"
    Marktanteile
    Bekanntheit
    Standortvorteile
    Kreativität ("Innovationspotential")
    Charisma der Leitung
    Kundennähe
    Kundenzufriedenheit
    Pünktlichkeit der Lieferung

Die Ausgangssituation für die folgenden Überlegungen bilden bestehende Engpässe. Die Produktionskapazität (Maschinenpark mit den verfügbaren Mitarbeitern) ist also ausgelastet. Wenn nun zusätzliche Nachfrage auftritt, kann diese nicht befriedigt werden, da unser derzeitiger Stand des Betriebes eine Ausweitung der Mengenausbringung verbietet.

Unter der Voraussetzung einer befriedigenden Trennung von fixen und variablen Kostenbestandteilen (Zeilen 290 bis 311) bietet sich hier der Ansatz von Deckungsbeiträgen als Entscheidungshilfe für die Förderung oder den Abbau eines Produktes in besonderer Weise an. Dabei werden die fixen Kosten aus der Betrachtung ausgeklammert.

Absoluter Deckungsbeitrag

28) Von den erzielten Preisen zieht man zur Ermittlung des absoluten Deckungsbeitrags pro Stück jeweils die variablen Kosten ab.

Für das Produkt ALPHA setzen wir in die Zelle B362 den zugehörigen Verkaufspreis mit:

=c3 – Wert:112.

29) Die anteiligen variablen Stückkosten (kv) tragen wir in die Zelle B365 ein:

=e298 – Wert: 19,2.

30) Die Zelle B368 dient nun der Ermittlung des absoluten Stückdeckungsbeitrags für ALPHA aus dem Ansatz „Preis minus variable Stückkosten":

=b362-b365 – Wert 92,9.
Praktiker sprechen hier mitunter von „Marge" oder „Spanne".

Relativer Deckungsbeitrag

31) Damit wir die jeweilige Stückzahl pro Stunde angeben können, benötigen wir zunächst in der Zelle B355 die Gesamtstundenzahl pro Jahr. Sie wird mit:

1785 angesetzt.
Die produzierte Menge von ALPHA pro Berichtsjahr steht in der Zelle B356:

=d3*1000 – Wert: 244000 (Stück – hier nicht tausend Stück).

32) Nun muss die stückbezogene Produktionsleistung einbezogen werden. Dafür gibt es zwei Möglichkeiten: In Haas (1999, Kapitel 10.3.1) wird der Ausstoß für den relativen Deckungsbeitrag durch Division mit Hilfe der Größe „Stunden(anteile) pro Stück", die aufzuwenden sind, ermittelt. Es wurde also der absolute stückbezogene Deckungsbeitrag geteilt durch den Zeitbedarf pro Stück in Stunden.
Die Inhalte der folgenden Aussagen decken sich:
(1) „Zur Herstellung eines Stückes benötigen wir 0,5 Stunden"
(2) „In einer Stunde produzieren wir zwei Stück".

33) Hier kommt die zweite Art der Aussage zur Anwendung. Folglich steht in der Zelle B359 der Ausstoß des Produktes ALPHA, der in einer Stunde erzielt wird:

=b356/b355 – Wert:136,7 (Stück).
Entsprechend ergibt sich aus der Multiplikation des eben ermittelten absoluten Deckungsbeitrags pro Stück (Zelle B368) mit dem zugehörigen Produktionswert (Zelle B359) der gesuchte relative Deckungsbeitrag (Zelle B371) in Höhe von 12.692.

Für den hier benutzten Ansatz gilt:

Relativer Deckungsbeitrag = stückbezogener absoluter Deckungsbeitrag mal Produktionsmenge pro Stunde und Stück

---

34) Hier die Formeln im Überblick für folgende Zeilen:

356 Prod.-Menge ALPHA	=D3*1000
357 Prod.-Menge BETA	=D4*1000
358 Prod.-Menge GAMMA	=D5*1000
359 Stück/Std. ALPHA	=B356/$B$355
360 Stück/Std. BETA	=B357/$B$355

361 Stück/Std. GAMMA	=B358/$B$355
362 Preis ALPHA	=C3
363 Preis BETA	=C4
364 Preis GAMMA	=C5
365 kv ALPHA	=E298
366 kv BETA	=E299
367 kv GAMMA	=E300
368 db (abs) ALPHA	=B362-B365
369 db (abs) BETA	=B363-B366
370 db (abs) GAMMA	=B364-B367
371 db (rel) ALPHA	=B359*B368
372 db (rel) BETA	=B360*B369
373 db (rel) GAMMA	=B361*B370

	A	B		A	B
354	**Relativer Deckungsbeitrag**		354	**Relativer Deck**	
355	Stunden-Zahl p.a.	1785	355	Stunden-Zahl p.a.	1785
356	Prod.-Menge ALPH/	244000	356	Prod.-Menge ALPHA	=D3*1000
357	Prod.-Menge BETA	301000	357	Prod.-Menge BETA	=D4*1000
358	Prod.-Menge GAMM	84000	358	Prod.-Menge GAMMA	=D5*1000
359	Stück/Std. ALPHA	136,7	359	Stück/Std. ALPHA	=B356/$B$355
360	Stück/Std. BETA	168,6	360	Stück/Std. BETA	=B357/$B$355
361	Stück/Std. GAMMA	47,1	361	Stück/Std. GAMMA	=B358/$B$355
362	Preis ALPHA	112	362	Preis ALPHA	=C3
363	Preis BETA	68	363	Preis BETA	=C4
364	Preis GAMMA	81	364	Preis GAMMA	=C5
365	kv ALPHA	19,2	365	kv ALPHA	=E298
366	kv BETA	16,2	366	kv BETA	=E299
367	kv GAMMA	22,9	367	kv GAMMA	=E300
368	db (abs) ALPHA	92,9	368	db (abs) ALPHA	=B362-B365
369	db (abs) BETA	51,8	369	db (abs) BETA	=B363-B366
370	db (abs) GAMMA	58,1	370	db (abs) GAMMA	=B364-B367
371	db (rel) ALPHA	**12.692** !!!!	371	db (rel) ALPHA	**=B359*B368** !!!!
372	db (rel) BETA	8.733	372	db (rel) BETA	=B360*B369
373	db (rel) GAMMA	2.732	373	db (rel) GAMMA	=B361*B370
374			374		

Abbildung 3.8: Relativer Deckungsbeitrag – Formeln und Werte

Die Berechnung der relativen Deckungsbeiträge in B259 bis B261 zeigt, dass das Produkt ALPHA vor BETA und GAMMA sich unter Berücksichtigung dieses Ansatzes sich als am förderungswürdigsten anbietet. Der absolute Deckungsbeitrag lässt GAMMA vor BETA günstiger erscheinen.

3.4   Wertschöpfung

Unter betrieblicher Wertschöpfung versteht man den in einem Abrechnungszeitraum erzielten Wertzuwachs. Er zeigt, wie hoch der Beitrag des Unternehmens zum volkswirtschaftlichen Sozialprodukt ausfällt.
Es werden zwei Methoden der Ermittlung unterschieden:
a)   Verteilungsrechnung
b)   Entstehungsrechnung.

35)   Um die Wertschöpfung unseres Betriebes zu erfassen, benutzen wir zunächst die Verteilungsrechnung. Hierfür addieren wir folgende Positionen in den Zeilen 356 bis 365:
356   (1a) Per. (Pr.)   **=$B$246**
Produktive Personalkosten (variabler Kostenbestandteil)
357   (1b) Per. (GK)   **=$D$241**
Personalkosten, die Gemeinkosten darstellen (ohne Gehälter)
358   (1c) Gehälter   **=$D$242**
369   (1d) Soz. A.   **=$D$243**
Sozialaufwendungen
360   (2) EE-St.   **=$B$255**
Steuern von Einkommen und Ertrag
361   (3) FK-Zins   **=$B$248+$B$249**
362   (4) Übersch.   **=$B$256**

36)   Die Zelle B363 ermittelt die Wertschöpfung mit:

=SUMME(E356:E365) – Wert: 27.031 T€.

37)   Die Entstehungsrechnung führt zum gleichen Ergebnis in der Zelle E364 mit der Formel:

=B243-(B244+B247-D241-D242-D243+B251+B252)
von der Gesamtleistung in der Zelle B243 werden die Vorleistungen, die wir von außen beziehen, abgezogen:
B244 Materialeinsatz
B247 sonstiger Aufwand
B251 Abschreibungen für Maschinen
B252 Abschreibungen für Gebäude – und hinzuaddiert:
D241 Gemeinkosten für Löhne
D242 Gehälter
D243 Gemeinkosten für soziale Aufwendungen

	D	E
355	**Wertschöpfung**	
356	1a Per. (Pr.)	2.954
357	1b Per. (GK)	5.033
358	1c Gehälter	7.250
359	1d Soz. A.	11
360	2 EE-St.	4.633
361	3 FK-Zins	753
362	4 Übersch.	6.397
363	W-Verteilung	27.031
364	W-Entstehung	27.031

	D	E
355	Wei	
356	1a P	=$B$246
357	1b P	=$D$241
358	1c G	=$D$242
359	1d S	=$D$243
360	2 El	=$B$255
361	3 Fł	=$B$248+$B$249
362	4 Ü	=$B$256
363	W-V	=SUMME(E356:E362)
364	W-E	=B243-(B244+B247-D241-D242-D243+B251+B252)

Abbildung 3.9: Wertschöpfung – Werte und Formeln

38) Ein Kreisdiagramm bezogen auf die Zellen B356 bis C362 zeigt die Zusammensetzung der einzelnen Komponenten der Verteilungsrechnung.

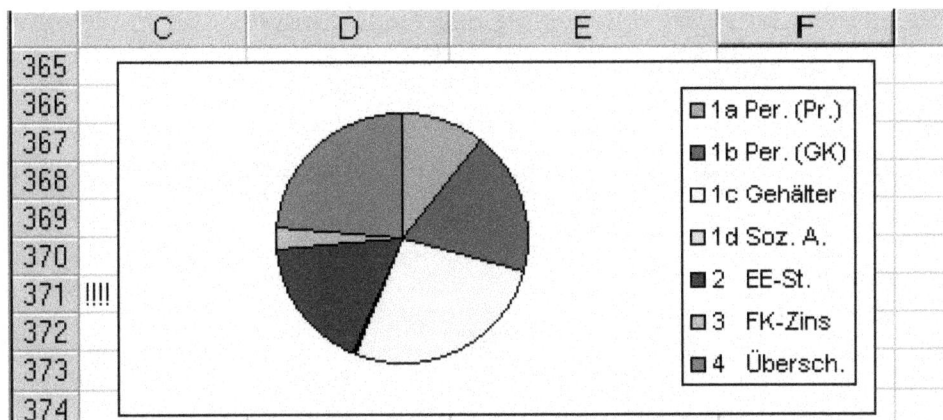

Abbildung 3.10: Wertschöpfung – Diagramm

3.5   Kurzfristige Erfolgsrechnung

39) Bisher wurde davon ausgegangen, dass die Produktionsmenge jeweils vollständig verkauft wird. Nun setzen wir Absatzmengen an, die geringer sind als die gefertigten Stückzahlen. Als Folge davon ergeben sich Bestandsänderungen.

Die folgenden Ansätze beziehen sich auf eine kurzfristige – monatliche - Ermittlung des Erfolgs.

	A	B	C	D	E	F
375	**Kurzfristige Erfolgsrechnung**			ALPHA	BETA	GAMMA
376	Verkaufspreis pro Stück beträgt EU			112,0	68,0	81,0
377	Die variablen Kosten pro Stück betragen EU			19,2	16,2	22,9
378	An monatlichen Fixkosten fallen an EU			1.163.550	517.133	904.983
379	Produktion in 2 aufeinanderfolg. Monaten in Stück j			20000	25000	7000
380	Die Absatzmenge beträgt für den					
381	20333,3		1. Monat	15000	19000	4000
382	25083,3	7000,0	2. Monat	25000	31000	10000
383	1. Erarbeiten Sie für beide Monate eine Erfolgsrechnung nach dem GKV.					
384	Setzen Sie die Bestandsveränderungen zu Selbstkosten an.					
385	2. Erarbeiten Sie für beide Monate eine Erfolgsrechnung nach dem UKV					
386	auf Vollkostenbasis.					
387	3. Erarbeiten Sie für beide Monate eine Erfolgsrechnung nach dem UKV					
388	auf Teilkostenbasis.					

Abbildung 3.11: Kurzfristige Erfolgsrechnung – Ausgangsdaten – Werte

	A	B	C	D	E	F
375	**Kurzfristig**			ALPHA	BETA	GAMMA
376	Verkaufspreis p			=C3	=C4	=C5
377	Die variablen Ki			=E298	=E299	=E300
378	An monatlichen			=C307/12*D310*1000	=C307/12*E310*1000	=C307/12*F310*1000
379	Produktion in 2 (			20000	25000	7000
380		beträgt für den				
381	=D3/12*1000		1. Monat	15000	19000	4000
382	=D4/12*1000	=D5/12*1000	2. Monat	25000	31000	10000
383	1. Erarbeiten Sie					
384	Setzen Sie die					
385	2. Erarbeiten Sie					
386	auf Vollkoster					
387	3. Erarbeiten Sie					
388	auf Teilkoster					

Abbildung 3.12: Kurzfristige Erfolgsrechnung – Ausgangsdaten – Formeln

Es werden jeweils zwei Monate betrachtet - und zwar nach den Methoden:
- GKV (Gesamtkostenverfahren)
- UKV (Umsatzkostenverfahren) auf Vollkostenbasis
- UKV auf Teilkostenbasis.

40) In der Zeile 378 werden die Fixkosten nun bezogen auf den Monat ausgewiesen. Im Vordergrund steht die Division der Fixkosten durch die produzierte Menge (in Zelle D393).
Unter anderem sind folgende Formeln eingetragen:

in Zelle D378: **=C307/12*D310*1000**
in Zelle E378: **=C307/12*E310*1000**
in Zelle F378: **=C307/12*F310*1000**
in Zelle D393: **=(D379-D381)*D377+(D379-D381)*D378/D379**
in Zelle E393: **=(E379-E381)*E377+(E379-E381)*E378/E379**
in Zelle F393: **=(F379-F381)*F377+(F379-F381)*F378/F379**
(Vgl. Abbildung 3.13 und 3.14.)

41) In die Zellen D400, E400 und F400 werden folgende Formeln eingetragen:

=(D379-D382)*D377+(D379-D382)*D378/D379
=(E379-E382)*E377+(E379-E382)*E378/E379
=(F379-F382)*F377+(F379-F382)*F378/F379

	A	B	C	D	E	F
390				**ALPHA**	**BETA**	**GAMMA**
391	**1. GKV - 1. Monat**					
392	Umsatzerlöse			1.680.000	1.292.000	324.000
393	Bestandsänderung (+)			386.638	221.372	456.670
394	Gesamtleistung			2.066.638	1.513.372	780.670
395	Gesamtaufwand			1.546.550	922.383	1.065.563
396	Erfolg			520.088	590.989	- 284.893
397						
398	**1. GKV - 2. Monat**					
399	Umsatzerlöse			2.800.000	2.108.000	810.000
400	Bestandsänderung			- 386.638	- 221.372	- 456.670
401	Gesamtleistung			2.413.363	1.886.628	353.330
402	Gesamtaufwand			1.546.550	922.383	1.065.563
403	Erfolg			866.813	964.245	- 712.233
404						
405	**2. UKV (Vollkostenbasis) - 1. Monat**					
406	Umsatzerlöse			1.680.000	1.292.000	324.000
407	Aufwand			1.159.913	701.011	608.893
408	Erfolg		gleich	520.088	590.989	- 284.893
409						
410	**2. UKV (Vollkostenbasis) - 2. Monat**					
411	Umsatzerlöse			2.800.000	2.108.000	810.000
412	Aufwand			1.933.188	1.143.755	1.522.233
413	Erfolg			866.813	964.245	- 712.233
414						

Abbildung 3.13: Kurzfristige Erfolgsrechnung – Zeile 390 bis 413 – Werte

	D	E	F
390	**ALPHA**	**BETA**	**GAMMA**
391			
392	=D376*D381	=E376*E381	=F376*F381
393	=(D379-D381)*D377+(D379-D381)*D378/D379	=(E379-E381)*E377+(E379-E381)*E378/E379	=(F379-F381)*F377+(F379-F381)*F378/F379
394	=D392+D393	=E392+E393	=F392+F393
395	=D379*D377+D378	=E379*E377+E378	=F379*F377+F378
396	=D394-D395	=E394-E395	=F394-F395
397			
398			
399	=D376*D382	=E376*E382	=F376*F382
400	=(D379-D382)*D377+(D379-D382)*D378/D379	=(E379-E382)*E377+(E379-E382)*E378/E379	=(F379-F382)*F377+(F379-F382)*F378/F379
401	=D399+D400	=E399+E400	=F399+F400
402	=D379*D377+D378	=E379*E377+E378	=F379*F377+F378
403	=D401-D402	=E401-E402	=F401-F402
404			
405			
406	=D376*D381	=E376*E381	=F376*F381
407	=D381*D377+D381*D378/D379	=E381*E377+E381*E378/E379	=F381*F377+F381*F378/F379
408	=D406-D407	=E406-E407	=F406-F407
409			
410			
411	=D376*D382	=E376*E382	=F376*F382
412	=D382*D377+D382*D378/D379	=E382*E377+E382*E378/E379	=F382*F377+F382*F378/F379
413	=D411-D412	=E411-E412	=F411-F412

Abbildung 3.14: Kurzfristige Erfolgsrechnung – Zeile 390 bis 413 – Formeln

42) Wie Sie aus der Abbildung 3:13 ersehen können, stimmen die Ergebnisse bei GKV und UKV auf Vollkostenbasis überein. Wendet man allerdings das UKV auf Teilkostenbasis an, ergeben sich deutlich veränderte Werte. Das letztgenannte Verfahren ist vorzuziehen. Es werden dabei die fixen Kosten tatsächlich ihrem Wesen nach verrechnet. Fix in bezug auf die Produktionsmenge bedeutet andererseits abhängig vom Zeitraum. Es darf nicht durch Einrechnung von Fixkosten in die Bestandserhöhungen dazu kommen, dass die Fixkosten aktiviert werden. Sie erhöhen bei diesem Ansatz die Aktiva und wirken sich gleichzeitig nocht nicht als Aufwand aus. Ein Frühwarnsystem erzielt man eher, wenn man die Fixkosten in der Periode ihrer Entstehung in der Erfolgsrechnung als Aufwand einsetzt (Zeile 418). So entfalten sie erst in späteren Rechnungsperioden ihre Wirksamkeit als Erfolgsminderer. Dies wird nur beim UKV auf Teilkostenbasis gewährleistet.

	A	B	C	D	E	F
415	**3. UKV (Teilkostenbasis) - 1. Monat**					
416	Umsatzerlöse			1.680.000	1.292.000	324.000
417	Variabler Aufwand			287.250	307.990	91.760
418	Fixer Aufwand			1.163.550	517.133	904.983
419	Erfolg (Verlust)			229.200	466.877	- 672.743
420						
421	**3. UKV (Teilkostenbasis) - 2. Monat**					
422	Umsatzerlöse			2.800.000	2.108.000	810.000
423	Variabler Aufwand			478.750	502.510	229.400
424	Fixer Aufwand			1.163.550	517.133	904.983
425	Erfolg (Gewinn)			1.157.700	1.088.357	- 324.383
426						
427		*Verprobung*	Vollkosten	1.386.900	1.555.233	- 997.127
428			Teilkosten	1.386.900	1.555.233	- 997.127

Abbildung 3.15: Kurzfristige Erfolgsrechnung – Zeile 415 bis 428 – Werte

	D	E	F
415			
416	=D376*D381	=E376*E381	=F376*F381
417	=D381*D377	=E381*E377	=F381*F377
418	=D378	=E378	=F378
419	=D416-D417-D418	=E416-E417-E418	=F416-F417-F418
420			
421			
422	=D376*D382	=E376*E382	=F376*F382
423	=D382*D377	=E382*E377	=F382*F377
424	=D378	=E378	=F378
425	=D422-D423-D424	=E422-E423-E424	=F422-F423-F424
426			
427	=D408+D413	=E408+E413	=F408+F413
428	=D419+D425	=E419+E425	=F419+F425

Abbildung 3.16: Kurzfristige Erfolgsrechnung – Zeile 415 bis 428 – Formeln

Kausalität im Überblick (Folien)

Eine ursächliche Größe (U) entfaltet Wirkung (W).

U → W

In der Mechanik: Verformung oder Bewegung
Ursächlichkeit, Wirksamkeit, Interdependenz
Gegenstand der Analyse ist ein
gesetzmäßiger Zusammenhang von
a) Ursache (**WENN**-Komponente) und deren
b) Wirkung (**DANN**-Komponente).
Jedes Geschehen folgt aus einer Ursache und
bewirkt gleichzeitig ein anderes Geschehen.
Es ergibt sich eine lückenlose Kette:
("Kausalnexus") In Systemen entstehen Verflechtungen.
Die Effekte kommen aus der
(1) Vergangenheit laufen durch die
(2) Gegenwart und setzen sich fort in der
(3) Zukunft.
So auch Pascal im Zitat zu Beginn (unter 1. Grundlegung).
Idee des **Determinismus** (Streit der Philosophen):
Vorherbestimmtheit/Geworfenheit/Ausgeliefertsein!
Danach entzieht sich vieles unserem Einfluss.
Oft aber auch *Wahlfreiheit*! ("Scheidewege im Leben")
Wähle ich Alternative A oder B?

Ursachen kann man aufspalten in verschiedene
Ursächlichkeitskomponenten
a) äußere Bedingungen und
b) innere Bedingungen, die das Zustandekommen
   der Wirkung ermöglichen und
c) Auslöser, die den Anstoß geben (Trigger)
Beispiel:
WENN definierte Ursachen vorliegen:
a) das Pulver trocken ist,
b) das Pulver richtig zusammen gesetzt ist und
c) ein Schlag darauf erfolgt,
DANN entsteht die Wirkung: Explosion.
Erfahrung (Empirie):
Eine bestimmte Wirkung entsteht immer nur dann,
aber immer dann, wenn die Ursache vorhanden ist.
Experimente im Labor erhellen oft den Sachverhalt.
Ausnahmen:
*1) Oft entsteht aber auch ein Irrtum dadurch, dass ein
zeitliches "Danach" aufgefasst wird als ursächliches
"Dadurch"(Sündenbock).*
*2) „Kräht an Johanni der Hahn auf dem Mist,
ändert sich das Wetter oder bleibt wie es ist."*
Auch hier liegt formal ein WENN-DANN-Satz vor.
Qualität als Folge von Quantität
Oft ergibt sich eine Wirkung im Sinne einer neuen
Qualität als Folge von einer Ansammlung von
geringfügigen Quantitäten.
Beispiele:
Rote Karte im Sport nach mehreren gelben;
Ozonloch als Ergebnis langer Umweltbelastung;
zerrüttete Freundschaft als Folge vieler kleiner
Rücksichtslosigkeiten.
"Das Faß läuft über."
Umschlagen von Quantität in Qualität
Das Verstehen und die Erfassung
von Ursächlichkeiten bildet die Voraussetzung für
a) Prognosen
b) Konstruktion von Maschinen
Wenn-dann-Sätze (what - if) ermöglichen
die Erfassung von Beziehungen - mitunter
in **quantitativen Begriffen**!
Bauplan von Handys, Jets, Genen
mechanisches Weltbild: Mensch als Rädchen.
Zweckbestimmtheit (Finalität)
Im Gegensatz zur Ursächlichkeit geht die
Zweckbestimmtheit aus von einem
bewußt angestrebten Endzweck.

Es handelt sich dabei um eine Zielsetzung, der
alles untergeordnet wird.
Voraussetzung ist wie bei der Kausalität eine
gewisse **Berechenbarkeit von Abläufen.**
Wozu führt dieses Prinzip?
Zu einer ganz spezifischen Betrachtung der Dinge
unter dem Gesichtspunkt der Zweckmäßigkeit,
Vorteilhaftigkeit und Gewinnmaximierung.

3.6   Sensibilitäts-Analyse

Begriff der Sensibilitäts-Analyse

43)   Im Vordergrund steht nun die Frage nach dem Gewicht von Einflussgrößen. Nehmen
wir an, man identifiziert bei der Analyse einen Parameter in seiner Wirkung auf den
Zielwert als besonders durchschlagend. Nun ist zu beachten:

1. Es lohnt sich, diesem bei der Planfestlegung stärkere Aufmerksamkeit zu widmen.
2. Während des Ablaufs der geplanten Prozesse muss die Einhaltung von zu definie-
    renden Toleranzbereichen überwacht werden.
3. Auch beim späteren Soll-Ist-Vergleich gilt die besondere Aufmerksamkeit dem
    Faktor mit starken Effekten.

Wir testen also nun verschiedene Variationen von Faktoren (Inputwerte, Einflussgrö-
ßen) auf ihre Bedeutung hin mit der Tabellenkalkulation. Als Ergebnis werden damit
Informationen angestrebt bezüglich der Wirkung dieser Faktoren auf den Erfolg als
Zielwert – und zwar in quantitativen Größen.

Angestrebt werden aussagefähige Daten über Konsequenzen von möglichen alternativen Konstellationen auf der Inputseite.
Variationsalternativen sollen das Urteil darüber erleichtern, ob und inwieweit sich ein
ins Auge gefasstes Projekt auch bei Eintritt ungünstiger Bedingungen noch als vorteilhaft erweist. Die Planung durch das Aufstellen eines Zahlenwerks für einen bestimmten zukünftigen Zeitraum wird dadurch transparenter.

Es geht beispielsweise um die Frage: Wie empfindlich reagiert der Erfolg auf die Variation bestimmter Einflussgrößen?

Unter Sensibilitäts- oder Sensitivitäts-Analyse versteht man auch andere methodische
Ansätze - beispielsweise die output-autonome Sensibilitäts-Analyse. Dabei werden der
Wert der Ergebnisgröße variiert und die dazu passenden Änderungen der Faktoren er-
mittelt. Dieser Ansatz ist Gegenstand von Tabellen zum Thema „Optimierung" (vgl.
Haas: 2000, Kapitel 5). Einen Lösungsansatz bietet dabei der Solver von Excel, mit
dessen Hilfe sich ein Sensitivitätsbericht erstellen lässt.

Hier werden im Sinne einer input-autonomen Sensibilitäts-Analyse verschiedene Werte der Faktoren durchgetestet und die Änderung der Zielgröße errechnet.

Untersuchen lässt sich auch, wie stark jeweils ein Faktor von seinem ursprünglichen Wert abweichen darf, damit die Zielgröße nicht einen bestimmten Wert überschreitet.

Wie tief darf beispielsweise unser ursprünglicher Verkaufspreis fallen, damit der Gewinn nicht unter einen Mindestwert sinkt?

Ceteris-paribus-Klausel

44) Der Analyse liegt jeweils die Ceteris-paribus-Klausel zugrunde. Es werden also die übrigen Variablen als gleichbleibend oder konstant angenommen, während sich nur die zu betrachtende Größe schrittweise ändert. Die Tatsache, dass sich in der Praxis auch durchaus Faktoren gegenseitig bedingen können, wird ausgeklammert.

Ausgewählte Faktoren

Es stellt sich zunächst die Frage: Welche Faktoren bieten sich zur Analyse an? Wir haben uns entschieden für:

➢ Verkaufspreis (pro Stück)

➢ Mengenumsatz (Stück)

➢ variable Kosten (pro Stück) und

➢ Fixkosten (gesamt).

Schwankungsbreite für die Faktorvariation

45) Um mehrere Faktoren miteinander zu vergleichen, stellen wir in der Tabelle in den Zellen D433 bis D449 jeweils prozentuale Abweichungen vom Ursprungswert dar – und zwar mit einer Schrittweite von „0,05" bzw. „5%" gewählt.

Die Schwankungsbreite reicht von minus 40% bis plus 40%. Zusätzlich finden Sie in Abbildung 3.15 noch je eine Zeile für den Variationssatz von minus 1% und plus 1%.

Bei derartigen Analysen muss man darauf achten, dass die Beobachtungsbereiche sich innerhalb realistischer Annahmen bewegen. So könnte beispielsweise eine Erhöhung des Verkaufspreises um 40% auf dem Markt nicht durchsetzbar sein. Andererseits ist es sinnvoll, besonders im negativen Bereich den ungünstigsten Fall (worst case) in die Betrachtung einzubeziehen. Dies dient auch der Beurteilung von Risiken.

Formel

46)   In die Zeilen 432 bis 439 tragen wir folgendes ein:

Verkaufspreis (pro Stück)   =C3
Mengenumsatz (in Stück)   =D3*1000
Var. Kosten / Stück   =E298
Fixkosten (ges. €)   =C307*D310*1000
Umsatz (€)   =B432*B433
Var. Kosten (ges. €)   =B433*B434
Deckungsbeitrag (€)   =B437-B438

47)   Den Ausgangspunkt für die vorzunehmenden Variationen bildet die Formel in der Zelle B441:

=\$B\$432*\$B\$433-\$B\$434*\$B\$433-\$B\$435

> Erfolg =   Verkaufspreis mal Mengenumsatz minus variable Kosten pro Stück mal Mengenumsatz minus Fixkosten.

Die Variationsfaktoren der Spalte D – beispielsweise in D433 - beziehen sich jeweils auf die in der gleichen Zeile rechts stehenden Werte. In diesen wird die zu untersuchende Größe multipliziert mit:

„(1+Variationsfaktor)". So bilden wir beispielsweise in Zeile 433 in Zelle E433 das Produkt aus Verkaufspreis „(\$B\$432)" und „(1+\$D433)".

In Abbildung 3.15 sehen Sie die fertige Tabelle. In ihr kann man in der Zeile 439 bzw. 443 ablesen, wie sich eine Änderung der Faktorgrößen von beispielsweise 10% nach oben und unten auswirkt.

Interpretation der Ergebnisse

Verkaufspreis

48)   Eine Verminderung des Verkaufspreises um 10% (Zelle D439) senkt den Erfolg auf 5.960.000 € (E439). Eine Erhöhung um 10% (D443) lässt den Erfolg auf 11.425.600 € (E443) steigen. Beides entspricht einer Änderung von 2.732.800 €. Dies lässt sich nachvollziehen mit den Subtraktionen:

E439 minus E441 und
E443 minus E441.

	A	B	C	D	E	F	G	H
		B331 ▼	= =B330*C50					
430	SENSIBILITÄTS-ANALYSE							
431		ALPHA						
432	Verkaufspreis (pro S	112		Variation	VKP	M(Stk)	var.K.	fix K.
433	Mengenumsatz (Stü	244.000		-40%	-2.238.400	-369.360	10.561.840	14.277.840
434	Var. Kosten (Stück)	19,2		-35%	-872.000	763.410	10.328.210	13.579.710
435	Fixkosten (ges.)	13.962.600		-30%	494.400	1.896.180	10.094.580	12.881.580
436				-25%	1.860.800	3.028.950	9.860.950	12.183.450
437	Umsatz (€)	27.328.000		-20%	3.227.200	4.161.720	9.627.320	11.485.320
438	Var. Kosten (ges. EL	4.672.600		-15%	4.593.600	5.294.490	9.393.690	10.787.190
439	Deckungsbeitrag (E	22.655.400		-10%	5.960.000	6.427.260	9.160.060	10.089.060
440				-5%	7.326.400	7.560.030	8.926.430	9.390.930
441	Erfolg	8.692.800	8692,8	0%	8.692.800	8.692.800	8.692.800	8.692.800
442				5%	10.059.200	9.825.570	8.459.170	7.994.670
443				10%	11.425.600	10.958.340	8.225.540	7.296.540
444				15%	12.792.000	12.091.110	7.991.910	6.598.410
445				20%	14.158.400	13.223.880	7.758.280	5.900.280
446				25%	15.524.800	14.356.650	7.524.650	5.202.150
447				30%	16.891.200	15.489.420	7.291.020	4.504.020
448				35%	18.257.600	16.622.190	7.057.390	3.805.890
449				40%	19.624.000	17.754.960	6.823.760	3.107.760
450								
451				-1%	8.419.520	8.466.246	8.739.526	8.832.426
452				1%	8.966.080	8.919.354	8.646.074	8.553.174
453								

Abbildung 3.17: Sensibilitäts-Analyse – Werte

Mengenumsatz

49) Eine Verminderung um 10% senkt den Erfolg auf 6.427.260 € (Zelle F439). Eine Erhöhung um 10% lässt den Erfolg auf 10.958.340 € steigen (F443). Beides entspricht einer Änderung von 2.265.540 € (F439 minus F441 und F443 minus F441).
Der Erfolg reagiert damit auf ein Variation des Mengenumsatzes von 10% weniger sensibel als bei einer Preisänderung um den gleichen Prozentsatz.

Variable Kosten

50) Eine Verminderung um 10% steigert den Erfolg auf 9.160.060 a (Zelle G439) . Eine Erhöhung um 10% senkt den Erfolg auf 8.225.540 € (G443).

Die Änderungen betragen damit 467.260 € (G439 minus G441 und G443 minus G441).

Fixkosten

51) Eine Verminderung um 10% steigert den Erfolg auf 10.089.060 € (Zelle H439. Eine Erhöhung um 10% senkt den Erfolg auf 7.296.540 € (H443).

Die Änderungen des Erfolgs fallen hier (H439 minus H441 und H443 minus H441) mit jeweils 1.396.260 € stärker aus als bei den variablen Kosten.

	E	F
	VKP	**M(Stk)**
432		
433	=$B$432*(1+$D433)*$B$433-$B$434*$B$433-$B$435	=$B$433*(1+$D433)*$B$432-$B$434*$B$433*(1+$D433)-$B$435 =
434	=$B$432*(1+$D434)*$B$433-$B$434*$B$433-$B$435	=$B$433*(1+$D434)*$B$432-$B$434*$B$433*(1+$D434)-$B$435 =
435	=$B$432*(1+$D435)*$B$433-$B$434*$B$433-$B$435	=$B$433*(1+$D435)*$B$432-$B$434*$B$433*(1+$D435)-$B$435 =
436	=$B$432*(1+$D436)*$B$433-$B$434*$B$433-$B$435	=$B$433*(1+$D436)*$B$432-$B$434*$B$433*(1+$D436)-$B$435 =
437	=$B$432*(1+$D437)*$B$433-$B$434*$B$433-$B$435	=$B$433*(1+$D437)*$B$432-$B$434*$B$433*(1+$D437)-$B$435 =
438	=$B$432*(1+$D438)*$B$433-$B$434*$B$433-$B$435	=$B$433*(1+$D438)*$B$432-$B$434*$B$433*(1+$D438)-$B$435 =
439	=$B$432*(1+$D439)*$B$433-$B$434*$B$433-$B$435	=$B$433*(1+$D439)*$B$432-$B$434*$B$433*(1+$D439)-$B$435 =
440	=$B$432*(1+$D440)*$B$433-$B$434*$B$433-$B$435	=$B$433*(1+$D440)*$B$432-$B$434*$B$433*(1+$D440)-$B$435 =
441	=$B$432*(1+$D441)*$B$433-$B$434*$B$433-$B$435	=$B$433*(1+$D441)*$B$432-$B$434*$B$433*(1+$D441)-$B$435 =
442	=$B$432*(1+$D442)*$B$433-$B$434*$B$433-$B$435	=$B$433*(1+$D442)*$B$432-$B$434*$B$433*(1+$D442)-$B$435 =
443	=$B$432*(1+$D443)*$B$433-$B$434*$B$433-$B$435	=$B$433*(1+$D443)*$B$432-$B$434*$B$433*(1+$D443)-$B$435 =
444	=$B$432*(1+$D444)*$B$433-$B$434*$B$433-$B$435	=$B$433*(1+$D444)*$B$432-$B$434*$B$433*(1+$D444)-$B$435 =
445	=$B$432*(1+$D445)*$B$433-$B$434*$B$433-$B$435	=$B$433*(1+$D445)*$B$432-$B$434*$B$433*(1+$D445)-$B$435 =
446	=$B$432*(1+$D446)*$B$433-$B$434*$B$433-$B$435	=$B$433*(1+$D446)*$B$432-$B$434*$B$433*(1+$D446)-$B$435 =
447	=$B$432*(1+$D447)*$B$433-$B$434*$B$433-$B$435	=$B$433*(1+$D447)*$B$432-$B$434*$B$433*(1+$D447)-$B$435 =
448	=$B$432*(1+$D448)*$B$433-$B$434*$B$433-$B$435	=$B$433*(1+$D448)*$B$432-$B$434*$B$433*(1+$D448)-$B$435 =
449	=$B$432*(1+$D449)*$B$433-$B$434*$B$433-$B$435	=$B$433*(1+$D449)*$B$432-$B$434*$B$433*(1+$D449)-$B$435 =
450		
451	=$B$432*(1+$D451)*$B$433-$B$434*$B$433-$B$435	=$B$433*(1+$D451)*$B$432-$B$434*$B$433*(1+$D451)-$B$435 =
452	=$B$432*(1+$D452)*$B$433-$B$434*$B$433-$B$435	=$B$433*(1+$D452)*$B$432-$B$434*$B$433*(1+$D452)-$B$435 =
453		

Abbildung 3.18: Sensibilitäts-Analyse – Formeln Spalte E und F

	G	H
	var.K.	**fix K.**
432		
433	=$B$432*$B$433-$B$434*(1+$D433)*$B$433-$B$435	=$B$432*$B$433-$B$434*$B$433-$B$435*(1+$D433)
434	=$B$432*$B$433-$B$434*(1+$D434)*$B$433-$B$435	=$B$432*$B$433-$B$434*$B$433-$B$435*(1+$D434)
435	=$B$432*$B$433-$B$434*(1+$D435)*$B$433-$B$435	=$B$432*$B$433-$B$434*$B$433-$B$435*(1+$D435)
436	=$B$432*$B$433-$B$434*(1+$D436)*$B$433-$B$435	=$B$432*$B$433-$B$434*$B$433-$B$435*(1+$D436)
437	=$B$432*$B$433-$B$434*(1+$D437)*$B$433-$B$435	=$B$432*$B$433-$B$434*$B$433-$B$435*(1+$D437)
438	=$B$432*$B$433-$B$434*(1+$D438)*$B$433-$B$435	=$B$432*$B$433-$B$434*$B$433-$B$435*(1+$D438)
439	=$B$432*$B$433-$B$434*(1+$D439)*$B$433-$B$435	=$B$432*$B$433-$B$434*$B$433-$B$435*(1+$D439)
440	=$B$432*$B$433-$B$434*(1+$D440)*$B$433-$B$435	=$B$432*$B$433-$B$434*$B$433-$B$435*(1+$D440)
441	=$B$432*$B$433-$B$434*(1+$D441)*$B$433-$B$435	=$B$432*$B$433-$B$434*$B$433-$B$435*(1+$D441)
442	=$B$432*$B$433-$B$434*(1+$D442)*$B$433-$B$435	=$B$432*$B$433-$B$434*$B$433-$B$435*(1+$D442)
443	=$B$432*$B$433-$B$434*(1+$D443)*$B$433-$B$435	=$B$432*$B$433-$B$434*$B$433-$B$435*(1+$D443)
444	=$B$432*$B$433-$B$434*(1+$D444)*$B$433-$B$435	=$B$432*$B$433-$B$434*$B$433-$B$435*(1+$D444)
445	=$B$432*$B$433-$B$434*(1+$D445)*$B$433-$B$435	=$B$432*$B$433-$B$434*$B$433-$B$435*(1+$D445)
446	=$B$432*$B$433-$B$434*(1+$D446)*$B$433-$B$435	=$B$432*$B$433-$B$434*$B$433-$B$435*(1+$D446)
447	=$B$432*$B$433-$B$434*(1+$D447)*$B$433-$B$435	=$B$432*$B$433-$B$434*$B$433-$B$435*(1+$D447)
448	=$B$432*$B$433-$B$434*(1+$D448)*$B$433-$B$435	=$B$432*$B$433-$B$434*$B$433-$B$435*(1+$D448)
449	=$B$432*$B$433-$B$434*(1+$D449)*$B$433-$B$435	=$B$432*$B$433-$B$434*$B$433-$B$435*(1+$D449)
450		
451	=$B$432*$B$433-$B$434*(1+$D451)*$B$433-$B$435	=$B$432*$B$433-$B$434*$B$433-$B$435*(1+$D451)
452	=$B$432*$B$433-$B$434*(1+$D452)*$B$433-$B$435	=$B$432*$B$433-$B$434*$B$433-$B$435*(1+$D452)
453		

Abbildung 3.19: Sensibilitäts-Analyse – Formeln Spalte G und H

Diagramm

52) Das Diagramm der Abbildung C-18 zeigt die Effekte besonders anschaulich. So ergibt die grafische Darstellung bei den vorliegenden Zahlen für den Verkaufspreis und den Mengenumsatz jeweils eine Gerade, die von links unten nach rechts oben verläuft. Dies folgt daraus, dass ein hoher Verkaufspreis ebenso wie eine hohe Absatzmenge den Erfolg steigert. Die Gerade des Verkaufspreises verläuft steiler. Dies bedeutet, ihr Einfluss auf den Erfolg ist bei prozentualem Vergleich der Variation größer als der des Mengenumsatzes.

Die Kosten werden entsprechend entgegengesetzt von links oben nach rechts unten dargestellt. Die **steilere Gerade** der fixen Kosten zeigt deren **größeren Einfluss** auf den Erfolg.

Der Variablen mit der größten Steigung sollte die höchste Aufmerksamkeit gelten. Im hier dargestellten Beispiel ist dies der Verkaufspreis. Seine Änderung zieht die stärksten Konsequenzen nach sich.

Als Ergänzung zur Sensibilitäts-Analyse bietet es sich an, die Wahrscheinlichkeit für das Auftreten bestimmter Risiken zu quantifizieren. Da die Außenbedingungen des Unternehmens - und hier besonders der Absatzbereich - unsicheren Erwartungen ausgesetzt sind, habe ich ein Modell hierzu dargestellt in Haas (1999 Kapitel 14: Monte-Carlo-Analyse).

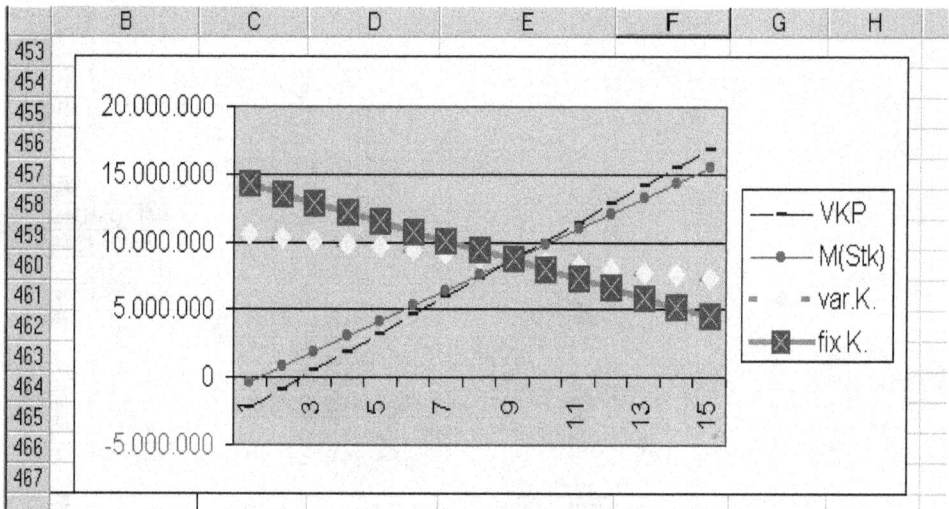

Abbildung 3.20: Sensibilitäts-Analyse – Diagramm

3.7 Simulation

53) Bei der Sensibilitäts-Analyse variieren die Inputgrößen um Intervalle von fünf Prozent in einem weiten Untersuchungsrahmen. Nun sollen sich folgende Größen unserer Tabelle - wieder unter Beibehaltung aller anderer Werte - nur jeweils um 1% ändern:

a. Absatzmenge (Mengenänderung und damit Variation des Beschäftigungs-
b. grads innerhalb bestimmter Kapazitätsgrenzen)
c. Preis
d. variable Kosten und
e. fixe Kosten.

Wir untersuchen die Wirkungen außer auf den *Erfolg* auch hinsichtlich der *Umsatzgewinnrate* und den Einfluss auf den *BE-Punkt*.

	Microsoft Excel - dgplanmat							
	Datei Bearbeiten Ansicht Einfügen Format Extras Daten Fenster ?							
	B331	= =B330*C50				Helv		10 F X U
	A	B	C	D	E	F	G	H
468	**Simulation**	ALPHA						
469	Umsatz	27.328.000					Afa	5.656
470	Var.Kosten(%)	17,10%		Erfolg	8.692.800		Be-pag	16.835.517
471	Fixe Kosten	13.962.600						
472								
473	Der BE-Punkt entspricht einem Umsatz von (€)			16842339,3				
474	Die Umsatzgewinnrate beträgt (€)			31,81%				
475	**Eine Absatzausweitung um 1 Prozent**							
476		erhöht den Erfolg um (€)		226554				
477		erhöht die Umsatzgewinnrate		32,32%				
478		der BE-Punkt bleibt unverändert						
479	**Eine Preissteigerung um 1 Prozent**							
480		erhöht den Erfolg um (€)		273280				
481		erhöht die Umsatzgewinnrate		32,48%				
482		senkt den BE-Punkt auf (€)		16808016,5				
483	**Eine Preissenkung um 1 Prozent**							
484		senkt den Erfolg um		-273280				
485		senkt die Umsatzgewinnrate		31,12%				
486		erhöht den BE-Punkt auf (€)		16877500,1				
487	**Ein Anstieg der variablen Kosten um einen Prozentpunkt**							
488		senkt den Erfolg um		-273280				
489		senkt die Umsatzgewinnrate		30,81%				
490		erhöht den BE-Punkt auf (€)		17047979,9				
491	**Eine Senkung der variablen Kosten um einen Prozentpunkt**							
492		erhöht den Erfolg um (€)		273280				
493		erhöht die Umsatzgewinnrate		32,81%				
494		senkt den BE-Punkt auf (€)		16641600,5				
495	**Eine Erhöhung der fixen Kosten um 1 Prozent**							
496		senkt den Erfolg um (€)		139626				
497		senkt die Umsatzgewinnrate		31,30%				
498		erhöht den BE-Punkt auf (€)		17010763				
499	**Eine Senkung der fixen Kosten um 1 Prozent**							
500		erhöht den Erfolg um (€)		139626,0				
501		erhöht die Umsatzgewinnrate		32,32%				
502		senkt den BE-Punkt auf (€)		16673915,9				
503								

Abbildung 3.21: Simulation – Werte Zeile 468 bis 502

54) Unter anderem sind folgende Formeln eingetragen:
in Zelle B469: **=c3*d3*1000** (Umsatz von Produkt ALPHA: 27.328.000 €)
in Zelle G469: **=D245** (Abschreibung)
in Zelle B470: **=E298/100** (variable Kosten in Prozent – Wert: 17,1),
in Zelle B471: **=C307*D310*1000** (Fixkostenanteil für ALPHA -
                Wert: 13.962.600 €).

55) Den Erfolg liefert die Zelle B470 mit der Formel:

=b469*(1-\$b\$470)-b471 – Wert: 8.132.088 € und den pagatorische Break Even die
Zelle H470:

=(b471-g469)/(1-b470) – Wert: 17.262.763 €.

56) Die Zelle D473 weist den BE-Umsatz für ALPHA aus mit:

=B471/(1-B470) – Wert: 17269758,8 a, die Zelle D474 die Umsatzgewinnrate mit:

=E470/B469 – Wert: 29,76%.

57) Die Zelle D476 errechnet die Erhöhung des Erfolges bei einer Absatzausweitung um 1
Prozent:

=(B469*1,01*(1-B470)-B471)-E470 – Wert: 220947 €.

58) Die Erhöhung der Umsatzgewinnrate bei einer Absatzweitung um 1 Prozent zeigt uns
die Zelle D477:

=(D476+E470)/(B469*1,01) – Wert: 30,26%.
Die Erhöhung der Absatzmenge lässt den BE-Punkt unverändert.

59) Weitere Formeln stehen in folgenden Zellen:
D480:
=B469*1,01-B469
D481:
=(D480+E470)/(B469*1,01)
D482:
=B471/((B469*1,01-B469+B469*(1-B470))/(B469*1,01))
D484:
=B469*0,99-B469
D485:
=(E470+D484)/(B469*0,99)
D486:
=B471/((B469*0,99-B469+B469*(1-B470))/(B469*0,99))
D488:
=-0,01*B469
D489:
=(D488+E470)/B469
D490:
=B471/(1-B470-0,01)
D492:
=0,01*B469
D493:
=(E470+D492)/B469
D494:
=B471/(1-B470+0,01)
D496:
=E470-(B469*(1-B470)-B471*1,01)
D497:
=(E470-D496)/B469
D498:
=(B471*1,01)/(1-B470)
D500:
=B471*0,01
D501:
=(D500+E470)/B469
D502:
=(B471*0,99)/(1-B470)

	B	C	D	E	G	H
468	ALPHA					
469	=C3*D3*1000				=D245	
470	=E298/100		Erfolg	=B469*(1-$B$470)-B471	e-pag	=(B471-G469)/(1-B470)
471	=C307*D310*1000					
472						
473			=B471/(1-B470)			
474			=E470/B469			
475						
476	erhöht den Erfolg		=(B469*1,01*(1-B470)-B471)-E470			
477	erhöht die Umsatz		=(D476+E470)/(B469*1,01)			
478	der BE-Punkt bleil					
479						
480	erhöht den Erfolg		=B469*1,01-B469			
481	erhöht die Umsatz		=(D480+E470)/(B469*1,01)			
482	senkt den BE-Pun		=B471/((B469*1,01-B469+B469*(1-B470))/(B469*1,01))			
483						
484	senkt den Erfolg u		=B469*0,99-B469			
485	senkt die Umsatzg		=(E470+D484)/(B469*0,99)			
486	erhöht den BE-Pu		=B471/((B469*0,99-B469+B469*(1-B470))/(B469*0,99))			
487						

Abbildung 3.21: Simulation – Formeln Zeile 468 bis 486

	B	C	D
487			
488	senkt den Erfolg um		=-0,01*B469
489	senkt die Umsatzgewinnrate auf		=(D488+E470)/B469
490	erhöht den BE-Punkt auf (€)		=B471/(1-B470-0,01)
491			
492	erhöht den Erfolg um (€)		=0,01*B469
493	erhöht die Umsatzgewinnrate auf		=(E470+D492)/B469
494	senkt den BE-Punkt auf (€)		=B471/(1-B470+0,01)
495			
496	senkt den Erfolg um (€)		=E470-(B469*(1-B470)-B471*1,01)
497	senkt die Umsatzgewinnrate auf		=(E470-D496)/B469
498	erhöht den BE-Punkt auf (€)		=(B471*1,01)/(1-B470)
499			
500	erhöht den Erfolg um (€)		=B471*0,01
501	erhöht die Umsatzgewinnrate auf		=(D500+E470)/B469
502	senkt den BE-Punkt auf (€)		=(B471*0,99)/(1-B470)

Abbildung 3.22: Simulation – Formeln Zeile 487 bis 502

3.8   ROI (Return on Investment)

60) Um die Schwächen einzelner Kennzahlen auszugleichen, wurden Systeme von Kennzahlen entwickelt. Besondere Verbreitung fand zur Planung und Kontrolle der Rentabilität der Return on Investment (kurz „ROI" oder auch „Du-Pont-Schema"). Grundgedanke der in ihrer Ursprungsform schon 1919 in den USA konzipierten Zahlenpyramide ist die Berechnung der Rentabilität des investierten Kapitals. Sie soll als Maßstab und Zielgröße unternehmerischen Handelns fungieren. Dieser globale Richtwert wird fortschreitend in operationale Teilziele gegliedert.

Die erste Aufspaltung ergibt die Formel:

ROI = Umsatzgewinnrate mal Kapitalumschlag

Hierdurch wird deutlich, dass die Zielsetzung, eine hohe Rentabilität zu verwirklichen, verschiedene Ansatzpunkte bietet.

Aufgliederung

61) Die Umsatzgewinnrate errechnet sich aus dem Kapitalgewinn dividiert durch die Umsatzerlöse. Den Kapitalgewinn zerlegt man in die zu addierenden Komponenten Jahresüberschuss und Fremdkapitalzinsen.

Die Zusammensetzung des Jahresüberschusses lässt sich nach Ertrags- und Aufwandsbestandteilen zurückverfolgen.

Beim Kapitalumschlag (Umsatzerlöse dividiert durch eingesetztes Kapital) wird die Größe eingesetztes Kapital in folgende Einzelbestandteile zerlegt:
Gesamtkapital minus erhaltene Anzahlungen.

Es liegt das Konzept des „Working Capital" zugrunde. Danach subtrahiert man Anzahlungen von Kunden (Abzugskapital) vom Umlaufvermögen.
Wie die Aufwendungen lassen sich auch die Vermögensarten in Komponenten aufgliedern.
Der Differenzierungsgrad hängt vom jeweiligen Analysebedürfnis ab. Die Einzelgrößen eröffnen nun Möglichkeiten zur:
a) Planvorgabe und
b) Abweichungsanalyse.

Gerade die Tabellenkalkulation bietet hier Ansätze zur Simulation. Es kann das Gewicht von Teilgrößen beim Zustandekommen der Globalgröße vorausschauend durchgespielt werden.

62) Die Struktur der Tabelle zur Ermittlung des ROI geht aus den Abbildungen 3.23 und
3.24 hervor.

	A	B	C	D	E	F	G	H	I
504	**ROI**								
505	BRUTTO-UMSATZ	54600							
506	Erlösminderungen(-)	0							
507	Best./Eigenl./s.b.E.(-	80,0							
508	GESAMTERTRAG	54680							
509	a) Material-/W.-Eins.	8226							
510	b) Personalaufwand	2954		6397,5					
511	c) b.Abschreibunger	5656		JAHRESUB.		7150,5			
512	d) s.b. Aufwendunge	26061		(+)		Kapitalgew.		13,10%	
513	BETRIEBSERGEBN	11783		FK-Zinsen		(/)		UGR	
514	FINANZERGEBNIS	753			753	Umsatz			
515	ERG.GEW.GESCH.	11030				54600			
516	ao. Ergebnis(+/-)	0							16,31%
517	Steuern(-)	4633						(*)	ROI
518		6397							
519	Vorräte	1739,88				54680			
520	Forderungen	2730		43904,7		Umsatz		1,2	
521	Liquide Mittel	8975		Gesamtkap.		(/)		KU	
522		13444,6754		(-)		einges.Kap.			
523	Anlagevermögen+S	30.460,0		erh. Anzahl.		43904,7			
524		43904,7			0				
525									

Abbildung 3.23: ROI – Werte

63) Unter anderem sind folgende Formeln eingetragen:
in Zelle H512:

=F511/F515 zur Ermittlung der äußerst nützlichen Kennzahl „Umsatzgewinnrate"
(UGR) – Wert: 13,10%,
in Zelle H520: **=F519/F523** für den Kapitalumschlag (KU) in Höhe von 1,2 und
in Zelle I516: **=H512*H520** als Ausdruck der Gesamtrendite mit dem Wert 16,31%.

64) Wegen der vagen Höhe des Anlagevermögens gilt es, den ROI unter erheblichen
Vorbehalten zu sehen. Insofern erscheinen Nachkommastellen, wie sie hier angegeben
werden und auch in der Praxis üblich sind, als völlig absurd.

	A	B	C	D	E	F	G	H	I
504	**ROI**								
505	BRUTTO-UN	=E263							
506	Erlösminderu	0							
507	Best./Eigenl.	=F64							
508	GESAMTER	=SUMME(B505:B507)							
509	a) Material-M	=B244							
510	b) Personala	=B246		=B518					
511	c) b.Abschrei	=B251+B252		JAHRESÜB.	=D510+D514				
512	d) s.b. Aufwe	=B247	◄	(+)	Kapitalgew.	=F511/F515			
513	BETRIEBSE	=B508-B509-B510-B511-B512		FK-Zinsen	(/)	►UGR			
514	FINANZERG	=B248+B249		=B514	Umsatz				
515	ERG.GEW.G	=B513-B514			=B505				
516	ao. Ergebnis	0					=H512*H520		
517	Steuern(-)	=B255				(*) ◄	ROI		
518		=B515+B516-B517							
519	Vorräte	=B282			=B243				
520	Forderungen	=B283		=B524	Umsatz	=F519/F523			
521	Liquide Mittel	=B284		►Gesamtkap.	(/)	►KU			
522		=SUMME(B519:B521)		(-)	►einges.Kap.				
523	Anlagevermö	=B281+10000		erh. Anzahl.	=D520-D524				
524		=SUMME(B522:B523)		0					
525									

Abbildung 3.24: ROI – Formeln

Versuch der Erfassung stiller Zwangsreserven (Zelle B523)

65)   Es ist von erheblichen stillen Zwangsreserven auszugehen. Als „still" werden diese Reserven bezeichnet, weil sie nicht in der Bilanz auftreten – insofern also unter Umständen ein Dasein „im Untergrund" führen und unbemerkt bleiben. Die Bezeichnung „Zwangs"-Reserven resultiert aus der geltenden Rechtslage. So enthält der Bilanzwert in der Zelle B281 – wie es das HGB § 252 vorschreibt – für Grundstücke lediglich die Anschaffungswerte. In den Jahrzehnten seit dem Erwerb gab es aber starke Preissteigerungen.

Die auf dem Markt zur Zeit gültigen Preise stellen ein Vielfaches der bilanzierten Ansätze dar. Dies gilt auch in abgeschwächter Weise für andere Aktivposten. Zu dem Wert „20.460 T€" für das Anlagevermögen aus der Zelle B281 werden hier also „10.000 T€" für stille Reserven addiert.

Ohne Insiderwissen über die etwaige Höhe der tatsächlichen Werte erscheint m. E. die Erstellung von Berechnungen des ROI als völlig sinnlos. Dies gilt auch für andere Kennziffern, die eine Bewertung von Anlagevermögen und damit von Eigen- oder Gesamtkapital enthalten.

In der Literatur werden oft bei der Ermittlung von Kennziffern unkritisch die Daten veröffentlichter Bilanzen verwendet. Bemühungen um eine „Aufbereitung" der vorliegenden Zahlen lassen die Problematik der stillen Reserven häufig außer acht.

ROI bezogen auf Teilbereiche

Eine Ermittlung des ROI bezogen auf einzelne Produkte, strategische Geschäftseinheiten oder ganze Unternehmensbereiche erscheint wegen der Höhe und der Zuordnung des eingesetzten Kapitals als höchst vage. **Die Umsatzrentabilität (UGR) hingegen erweist sich als brauchbare Größe.** Die Möglichkeiten, sie zu manipulieren, sind gering. Nur am Anfang und Ende einer Abrechnungsperiode könnten Aufwands- und Ertragspositionen einbezogen oder ausgeklammert werden. Derartige Verschiebungen gleichen sich aber im Zeitablauf aus.

Die Umsatzrentabilität nimmt bei den folgenden drei Tabellen in den Zeilen 565, 583 und 599 jeweils die Schlüsselrolle ein.

Anteil der Gemeinkosten

Der Anteil der Gemeinkosten ist in den letzten Jahrzehnten beträchtlich gestiegen. Besonders in Wirtschaftszweigen mit hohen Technologieanteilen spielen die Gemeinkosten eine entscheidende Rolle. Achtzig Prozent vom Umsatz sind keine Seltenheit.

Zurechenbarkeit der Gemeinkosten

Kostenarten wie Forschung und Entwicklung, Weiterbildung und Werbung lassen sich den einzelnen Kostenträgern nur schwer verursachungsgerecht zuordnen. Der Gesamtplan zeigt, wie die Wahl entsprechender Methoden zu unterschiedlichen Ergebnissen hinsichtlich der Umsatzrentabilität von Produkten führt (Zeilen 565, 583 und 599).

Konsequenzen der Zuordnung von Gemeinkosten

Die Auswirkungen einer unangemessenen Zuordnung sind beträchtlich. Wird ein Produkt mit einem zu hohen Preis angeboten, kann sich dies für dessen Absatz sehr ungünstig auswirken. Andererseits führen zu niedrig angesetzte Kosten dazu, dass entsprechende Preise des Produkts zu Verlusten führen. Es ist also sinnvoll, Szenarien mit verschiedenen Methoden zu erstellen, um zu einem ausgewogenen Urteil zu gelangen, welches Produkt eliminiert oder forciert werden sollte.

3.9   Zuschlagskalkulation (Basis: Arbeit)

66) Um die Gemeinkosten den einzelnen Produkten sinnvoll zuzurechnen, sind verschiedene Ansätze möglich. Wesentliche Anregungen zu den hier dargestellten Schritten stammen aus Shank (S. 222 ff.). Für die drei dargestellten Verfahren werden zur Verbesserung der Übersicht einige Daten des Gesamtplans in den Zeilen 527 bis 548 dargestellt. Einzelne Größen kommen neu hinzu:

Zeile 529: Auslieferungen (Anzahl)
Zeile 541: Materialannahme (-kosten) je Produktionslauf
Zeile 545: Kostenanteile für Forschung und Entwicklung prozentual und
Zeile 547: Kostenanteile für Montage.

	A	B	C	D	E
526	**Gemeinkosten**	**ALPHA**	**BETA**	**GAMMA**	SUMME
527	Produktion (TStk.)	244	301	84	629
528	Absatzmenge	244	301	84	
529	Auslieferungen (Anzahl)	2	5	4	11
530	Ziel-Verkaufspreis (€)	112	68	81	
531	Verkaufspreis (effektiv - EU)	112	68	81	
532	Umsatz (ges. - EU)	27328,0	20468,0	6804,0	54600
533	Var. Kosten (ges. - EU)	4672,6	4879,2	1927,0	11478,8
534	Deckungsbeitrag I (ges. - EU)	22655,4	15588,8	4877,0	43121,2
535	Fixe Kosten (ges. - EU)	13.963	6.206	10.860	31.028
536	Materialkosten/Stück (dir. - $)	13,7	8,2	15,9	
537	Material-Einsatz (**je Produkt** - TEU)	3352,56	2474,2	1332,2	7159,02
538	En. (T€)	268,4	722,4	193,2	
539	Müll (T€)	100,04	117,39	40,32	
540	Maschinenstunden (gesamt)				1785
541	Materialann./Produktionsl.(€)	5	14	12	31
542	**Materialannahme (ges. - TEU)**				420
543	Packaufträge/Lief. (Anzahl)	2	5	4	11
544	**Packerei (ges. - EU)**				980
545	FuE (PKR - %)	25%	35%	40%	100%
546	**FuE (ges. - EU)**				1.800
547	Montage (Anteile %)	19%	38%	43%	100%
548	**Montage (ges. - EU)**				830

Abbildung 3.25: Gemeinkosten – Werte

67) Unter anderem sind folgende Formeln eingetragen:

in Zelle B561: **=B558/$E$558** für den Gemeinkosten-Faktor,

in Zelle B562: **=$E$560*B561** für die Arbeitskosten-Basis,

in Zelle B563: **=B562/B527** für den Gemeinkosten-Zuschlag,

in Zelle B564: **=B554+B563** für die Kosten je Stück und

in Zelle B565: **=(B$531-B564)/B$531** für die Umsatzrentabilität.

	A	B	C	D	E
526	**Gemeinkosten**	ALPHA	BETA	GAMMA	SUMME
527	Produktion (TStk.)	=D3	=D4	=D5	=SUMME(B527:D527)
528	Absatzmenge	=D3	=D4	=D5	
529	Auslieferungen (Anzahl)	2	5	4	=SUMME(B529:D529)
530	Ziel-Verkaufspreis (€)	=C3	=C4	=C5	
531	Verkaufspreis (effektiv - EU)	=B530	=C530	=D530	
532	Umsatz (ges. - EU)	=B528*B531	=C528*C531	=D528*D531	=SUMME(B532:D532)
533	Var. Kosten (ges. - EU)	=E298*B527	=E299*C527	=E300*D527	=SUMME(B533:D533)
534	Deckungsbeitrag I (ges. - EU)	=B532-B533	=C532-C533	=D532-D533	=SUMME(B534:D534)
535	Fixe Kosten (ges. - EU)	=$C$307*D310	=$C$307*E310	=$C$307*F310	=SUMME(B535:D535)
536	Materialkosten/Stück (dir. - $)	=D118	=D126	=D134	
537	Material-Einsatz **(je Produkt** - TEU)	=B527*B536	=C527*C536	=D527*D536	=SUMME(B537:D537)
538	=C40	=C41	=C42	=C43	
539	=E40	=E41	=E42	=E43	
540	Maschinenstunden (gesamt)				=$B$355
541	Materialann./Produktionsl.(€)	5	14	12	=SUMME(B541:D541)
542	**Materialannahme (ges. - TEU)**				=B66
543	Packaufträge/Lief. (Anzahl)	=B529	=C529	=D529	=SUMME(B543:D543)
544	**Packerei (ges. - EU)**				=B67
545	FuE (PKR - %)	0,25	0,35	0,4	=SUMME(B545:D545)
546	**FuE (ges. - EU)**				=B65
547	Montage (Anteile %)	0,19	0,38	0,43	=SUMME(B547:D547)
548	**Montage (ges. - EU)**				=B68

Abbildung 3.26: Gemeinkosten – Formeln

68)   Als Gemeinkosten-Basis werden in E560 die gesamten Fixkosten der Zelle C307 angesetzt. Ihre Zuordnung erfolgt bei dieser Methode undifferenziert mit Zuschlagssätzen.

	A	B	C	D	E	F	G	H
549	**KALKULATION (Basis: ARBEIT)**							
550	Materialkosten/Stüc	13,74	8,22	15,86	7159,0			
551	Energie (€)	1,10	2,40	2,30	1184,0			
552	Müll (€)	0,41	0,39	0,48	257,8			
553	Arbeitskosten (direk	3,90	5,20	4,30	2878,0			
554	Summe der variat	19,15	16,21	22,94	11478,8	11478,8		
555	##Materialkosten	3352,56	2474,22	1332,24				
556	##Energie (€)	268,40	722,40	193,20				
557	##Müll (€)	100,04	117,39	40,32				
558	##Arbeitskosten (€)	951,60	1565,20	361,20	2878,00			
559	Summen	4672,60	4879,21	1926,96	11.479			
560	Gemeinkosten-Basis (T€)				31.028			
561	Gemeinkosten-Fakt	0,331	0,544	0,126	1,0	54.680.000 U		
562	Arbeitskosten-Basis	10259	16875	3894	31.028	42.506.770 Kges		
563	Gemeinkosten-Zusc	42,05	56,06	46,36	31028,0	12.173.230 UvSt		
564	Kosten/Stück (€)	61,20	72,27	69,30	42506,8	14932	21754	5821

Abbildung 3.27: Kalkulation (Basis: Arbeit) - Werte

69) Zur Kontrolle, ob wir die Kosten vollständig verteilt haben, ermitteln wir unsere gesamten Stückkosten für das Produkt ALPHA. Wir multiplizieren die Stückkosten der Zelle B564 „61,20" mit der zugehörigen Stückzahl „244.000". Die Gesamtkosten für ALPHA betragen 14.932 T€.

Analog verfahren wir für BETA und GAMMA. Es ergeben sich an Gesamtkosten für
ALPHA: 14.932
BETA: 21.754
GAMMA: 5.821 und für alle drei Produkte zusammen: 42.507 T€.

	B	C	D	E
549				
550	=B536	=C536	=D536	=B550*$B$527+C550*$C$527+D550*$D$527
551	=$B$41	=$B$42	=$B$43	=B551*$B$527+C551*$C$527+D551*$D$527
552	=$D$41	=$D$42	=$D$43	=B552*$B$527+C552*$C$527+D552*$D$527
553	=B3	=B4	=B5	=B553*$B$527+C553*$C$527+D553*$D$527
554	=SUMME(B550:B553)	=SUMME(C550:C553)	=SUMME(D550:D553)	=B554*$B$527+C554*$C$527+D554*$D$527
555	=B536*D3	=C536*D4	=D536*D5	
556	=$B$41*D3	=$B$42*D4	=$B$43*D5	
557	=$D$41*D3	=$D$42*D4	=$D$43*D5	
558	=B553*D3	=C553*D4	=D553*D5	=SUMME(B558:D558)
559	=SUMME(B555:B558)	=SUMME(C555:C558)	=SUMME(D555:D558)	=SUMME(B559:D559)
560				=C307
561	=B558/$E$558	=C558/$E$558	=D558/$E$558	=SUMME(B561:D561)
562	=$E$560*B561	=$E$560*C561	=$E$560*D561	=SUMME(B562:D562)
563	=B562/B527	=C562/C527	=D562/D527	=B563*$B$527+C563*$C$527+D563*$D$527
564	=B554+B563	=C554+C563	=D554+D563	=B564*$B$527+C564*$C$527+D564*$D$527
565	=(B$531-B564)/B$531	=(C$531-C564)/C$531	=(D$531-D564)/D$531	

Abbildung 3.28: Kalkulation (Basis: Arbeit) – Formeln

Zur Darstellung der Ermittlung von Stückkosten für ALPHA in B564 soll die Abbildung 3.29 dienen.

```
Kalkulation (Basis: Arbeit)
Ermittlung der Stückkosten für ALPHA in B564:

Gemeink.-Faktor:        B561    Var. Arbeitsk. von ALPHA
                                Var. Arbeitsk. Gesamt

                                =B558/E558
                                =951,6 / 2.878
                                =0,33                    33%
Gemeink.-Basis:         E560    gesamte Fixkosten
                                =C307
                                31.028 (T€)
Arbeitsk.-Basis:        B562    gesamte Fixkosten mal
                                Gemeink.-Faktor
                                =E560 * B561
                                31.028 * 0,33
                                10.259 (T€)
Gemeink. pro Stück:     B563    Arbeitsk.-Basis durch
                                Produktionsmenge ALPHA
                                =B562 / B527
                                10.259 / 244.000
                                42,05 (€)
Stückkosten gesamt
ALPHA:                  B564    direkte plus indirekte
                                Kosten
                                =B554 + B563
                                19,15 + 42,05
                                61,20 (€)
```

Abbildung 3.29: Ermittlung der Stückkosten für ALPHA

Dargestellt sind in der Abbildung die Werte der EDV-Tabelle. Bei Verwendung der abgerundeten Zahlen mit einem Taschenrechner entstehen erhebliche Abweichungen. In der Zelle B561 ermittelt Excel - sofern man nicht einstellt „Extra", „Optionen", „Berechnung" – „Genauigkeit wie angezeigt" - 0,3306462821403750000.

3.10   Kalkulation (Basis: Material/Maschinen)

70)   Unter anderem sind folgende Formeln eingetragen:
in Zelle B579: **=B575*$E$578** für den Gemeinkostenzuschlag,
in Zelle B581: **=(1/((B527/B580)/$B$355))*(($F$237/$B$355)/SUMME(B 231:$B$235))**
in Zelle C581:
=(1/((C527/C580)/$B$355))*(($F$237/$B$355)/SUMME($B$231:$B$235))
in Zelle D581:
=(1/((D527/D580)/$B$355))*(($F$237/$B$355)/SUMME($B$231:$B$235))

71)   In der Zelle B582 ermitteln wir die Kosten pro Stück für ALPHA durch Addition folgender Komponenten:

=B567+B572+B573+B574+B575+B579+B581 – Wert: 58,85 €.

72) In der Zelle B583 wird die Umsatzrentabilität für ALPHA berechnet:

=(B\$531-B582)/B\$531 – Wert: 47,5%.

Zur Erläuterung dieser Formeln der Maschinenkosten in Zelle B581:

=(1/ ((B527/B580)/\$B\$355))*((\$F\$237/\$B\$355)/SUMME(\$B\$231:\$B\$235))

Anzahl der Maschinen für Alpha (aufgerundet)

Abschreibung für alle Maschinen p.a.

Output (Prod´m.) von Alpha p.a.

Laufzeit der Maschinen p.a.

Anzahl aller Maschinen

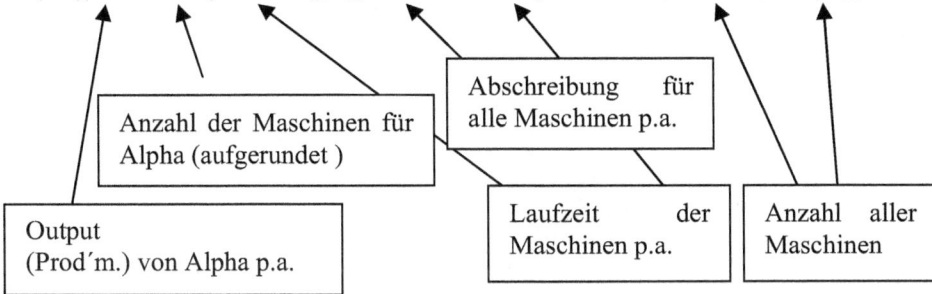

	A	B	C	D	E	F	G	H
566	**KALKULATION (Basis: MATERIAL/MASCH.)**							
567	Materialkosten/Stüc	13,7400	8,22	15,86	7159020	8.226,1		
568	Material-Einsatz (€)	3.352.560	2.474.220	1.332.240	7.159.020			
569	Materialannahme (ges.-EU)				420.000			
570	Gemeinkosten-Zuschlag (%)				5,87%			
571	Materialannahme (g	196685	145156	78159	420000			
572	Mat.-Annahme-Zusc	0,80609	0,48	0,93	420000	420		
573	Energie (€)	1,10	2,40	2,30	1184,0	1184		
574	Müll (€)	0,41	0,39	0,48	257,8	257,75		
575	Arbeitskosten/Stück	3,90	5,20	4,30	2878,0	2.954,0		
576	Arbeitskosten (ges. direkt-EU)				2.878.000			
577	Gemeinkosten-Basis (€)				25.032.000			
578	Gemeinkosten-Zuschlag (%)				869,8%			
579	Gemeinkosten-Zusc	33,92	45,23	37,40	25032,0			
580	Investitionsbedarf	20	52	20				
581	Maschinenkosten (€	4,96793	10,47	14,43	5576,0	1212173,9	3151652	1212174
582	Kosten/Stück (€)	58,85	72,39	75,70	42506,8	14358	21790	6359
583	Umsatzrentabilität	47,5%	-6,5%	6,5%				

Abbildung 3.30: Kalkulation (Basis: Material/Maschinen) – Werte

	B	C
566		
567	=B536	=C536
568	=B567*B527*1000	=C567*C527*1000
569		
570		
571	=B568*$E$570	=C568*$E$570
572	=B571/(B527*1000)	=C571/(C527*1000)
573	=$B$41	=$B$42
574	=$D$41	=$D$42
575	=B3	=B4
576		
577		
578		
579	=B575*$E$578	=C575*$E$578
580	=AUFRUNDEN(E220;0)	=AUFRUNDEN(E221;0)
581	=(1/((B527/B580)/$B$355))*(($F$237/$B$355)/$	=(1/((C527/C580)/$B$355))*(($F$237/$B$355)/
582	=B567+B572+B573+B574+B575+B579+B581	=C567+C572+C573+C574+C575+C579+C581
583	=(B$531-B582)/B$531	=(C$531-C582)/C$531

Abbildung 3.31: Kalkulation (Basis: Material/Maschinen) –
Formeln Spalte B und C

	D	E
566		
567	=D536	=(B567*$B$527+C567*$C$527+D567*$D$527)*1000
568	=D567*D527*1000	=SUMME(B568:D568)
569		=B66*1000
570		=E569/E568
571	=D568*$E$570	=SUMME(B571:D571)
572	=D571/(D527*1000)	=(B572*$B$527+C572*$C$527+D572*$D$527)*1000
573	=$B$43	=B573*$B$527+C573*$C$527+D573*$D$527
574	=$D$43	=B574*$B$527+C574*$C$527+D574*$D$527
575	=B5	=B575*$B$527+C575*$C$527+D575*$D$527
576		=D109*1000
577		=(C307-(E542+B251))*1000
578		=E577/E576
579	=D575*$E$578	=B579*$B$527+C579*$C$527+D579*$D$527
580	=AUFRUNDEN(E222;0)	
581	=(1/((D527/D580)/$B$355))*(($F$237/$B$355)/$	=B581*$B$527+C581*$C$527+D581*$D$527
582	=D567+D572+D573+D574+D575+D579+D581	=B582*$B$527+C582*$C$527+D582*$D$527
583	=(D$531-D582)/D$531	

Abbildung 3.32: Kalkulation (Basis: Material/Maschinen) –
Formeln Spalte D und E

Verprobung (Zelle E581)

=B581*$B$527+C581*$C$527+D581*$D$527

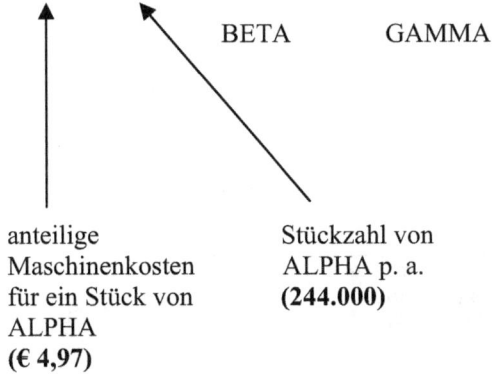

                BETA   GAMMA

anteilige
Maschinenkosten
für ein Stück von
ALPHA
(€ 4,97)

Stückzahl von
ALPHA p. a.
(244.000)

Gesamtbetrag (= F237):
Gesamte Abschreibung für Maschinen
(€ 5.576.000)

Zu Zelle E576

73)   In der Zelle E576 wird zur Erfassung der direkten Arbeitskosten nur die Summe aus dem Personalplan (Zelle D109) im Sinne von normalen Aufwendungen berücksichtigt. Der Personalanteil an den anderen aktivierten Eigenleistungen wird hier nicht – im Gegensatz zur GuV nach dem Gesamtkostenverfahren - einbezogen.

Zu Zelle E577

74)   Als Gemeinkosten-Basis werden in E577 – im Gegensatz zur Zelle E560 – von den Fixkosten folgende Positionen abgezogen:
Materialannahme (Zelle E542) und
Abschreibung der Maschinen (Zelle B251).

Zelle B581		
=(1/		
((B527	gesamte produzierte Menge von ALPHA p. a.	
	244.000	
/B580)	Division durch die Anzahl der für ALPHA eingesetzten Maschinen	
	20	aufgerundet
	Zwischenergebnis: gesamte produzierte Menge einer Maschine p. a.	
	12200,00	
/B355))	Division durch die Laufzeit aller Maschinen p. a. in Stunden	
	1785	
	Zwischenergebnis: produzierte Menge einer Maschine	
	pro Stunde von ALPHA	
	6,83	
1/6,83	1 dividiert durch die Stückzahl pro Stunde	
	ergibt die Produktionsdauer	
	in Stundenbruchteilen für	
	ein Stück von ALPHA	
	0,146	
*((F237	Abschreibung für alle Maschinen p. a.	
	5.576.000	(€)
/B355	Division durch die Laufzeit aller Maschinen p. a. in Stunden	
	1785	
	Zwischenergebnis: Abschreibungsbetrag	
	pro Stunde für alle Maschinen	
	und alle Produkte	
	3.123,8	
/SUMME(B231:B235))	Division durch die Anzahl der eingesetzten Maschinen	
	/92	
	Zwischenergebnis: Abschreibungsbetrag pro Stunde	
	pro Maschine	
	33,88	(€)
Formel insgesamt		
	Produktionsdauer in Stundenbruchteilen für	
	ein Stück von ALPHA	
	multipliziert mit dem	
	Abschreibungsbetrag pro Stunde pro Maschine	
	ergibt die Maschinenkosten für ein Sück von	
	ALPHA	
	0,1317 mal 33,88 =	
	4,97	(€)

Abbildung 3.33: Ermittlung der Maschinenkosten

3.11   Prozesskostenrechnung

Nun sollen die Gemeinkosten verursachungsgerechter verteilt werden. Materialannahme, Packerei und Montage sind dafür mit ihren Prozentanteilen anzusetzen. Die dafür nötigen Recherchen erfordern mitunter viel Aufwand.

76) Unter anderem sind folgende Formeln eingetragen:
in Zelle B597: **=B585*$E$596** für den Gemeinkosten-Zuschlag,
in Zelle B598: **=SUMME(B585:B597)** für die Kosten je Stück und
in Zelle B599: **=(B$531-B598)/B$531** für die Umsatzrentabilität.

	A	B	C	D	E
584	PROZESSKOSTENRECHNUNG				
585	Material (direkt/Stk. -	13,74	8,22	15,86	7159,0
586	Arbeitskosten/Stück	3,90	5,20	4,30	2878,0
587	Energie (€)	1,10	2,40	2,30	1184,0
588	Müll (€)	0,41	0,39	0,48	257,8
589	Montagekosten (€)	0,65	1,05	4,25	830,0
590	Maschinenkosten (€	4,97	10,47	14,43	5576,0
591	Materialannahme-Pl	0,28	0,63	1,94	420,0
592	FuE-PKS (€)	1,84	2,09	8,57	1800,0
593	Packerei-PKS (€)	0,73	1,48	4,24	980,0
594	Material (direkt ges. - EU)			7.159.020	
595	Gemeinkosten-Basis (€)			21.422.000	
596	Gemeinkosten-Zuschlag (%)				299%
597	Gemeinkosten-Zusc	41,11	24,60	47,46	21422,0
598	Kosten/Stück (€)	68,73	56,53	103,83	42506,8
599	Umsatzrentabilität	38,6%	16,9%	-28,2%	

Abbildung 3.34: Prozesskostenrechnung – Werte

	B	C	D	E
584				
585	=B536	=C536	=D536	=B585*$B$527+C585*$C$527+D585
586	=B3	=B4	=B5	=B586*$B$527+C586*$C$527+D586
587	=$B$41	=$B$42	=$B$43	=B587*$B$527+C587*$C$527+D587
588	=$D$41	=$D$42	=$D$43	=B588*$B$527+C588*$C$527+D588
589	=B547*$E$548/B527	=C547*$E$548/C527	=D547*$E$548/D527	=B589*$B$527+C589*$C$527+D589
590	=B581	=C581	=D581	=B590*$B$527+C590*$C$527+D590
591	=((B541/$E$541)*$E$542)/B527	=((C541/$E$541)*$E$542)/C527	=((D541/$E$541)*$E$542)/D527	=B591*$B$527+C591*$C$527+D591
592	=B545*$E$546/B527	=C545*$E$546/C527	=D545*$E$546/D527	=B592*$B$527+C592*$C$527+D592
593	=((B543/$E$543)*$E$544/B527)	=((C543/$E$543)*$E$544/C527)	=((D543/$E$543)*$E$544/D527)	=B593*$B$527+C593*$C$527+D593
594				=E568
595				=(C307-(B65+B66+B67+B68+B251))
596				=E595/E594
597	=B585*$E$596	=C585*$E$596	=D585*$E$596	=B597*$B$527+C597*$C$527+D597
598	=SUMME(B585:B597)	=SUMME(C585:C597)	=SUMME(D585:D597)	=B598*$B$527+C598*$C$527+D598
599	=(B$531-B598)/B$531	=(C$531-C598)/C$531	=(D$531-D598)/D$531	

Abbildung 3.35: Prozesskostenrechnung – Formeln Spalte b bis D

	E
584	
585	=B585*$B$527+C585*$C$527+D585*$D$527
586	=B586*$B$527+C586*$C$527+D586*$D$527
587	=B587*$B$527+C587*$C$527+D587*$D$527
588	=B588*$B$527+C588*$C$527+D588*$D$527
589	=B589*$B$527+C589*$C$527+D589*$D$527
590	=B590*$B$527+C590*$C$527+D590*$D$527
591	=B591*$B$527+C591*$C$527+D591*$D$527
592	=B592*$B$527+C592*$C$527+D592*$D$527
593	=B593*$B$527+C593*$C$527+D593*$D$527
594	=E568
595	=(C307-(B65+B66+B67+B68+B251))*1000
596	=E595/E594
597	=B597*$B$527+C597*$C$527+D597*$D$527
598	=B598*$B$527+C598*$C$527+D598*$D$527

Abbildung 3.36: Prozesskostenrechnung – Formeln Spalte E

77) Bei der hier gewählten Darstellungsart zur Elimination resultiert als Ergebnis, dass je
     nach gewählter Kostenrechnungsmethode sich jeweils ein anderes Produkt zum Abbau
     anbietet (siehe Abbildung 3.37). Im Vergleich zur Verteilung der Gemeinkosten in den
     Zellen D310 bis F310 verfügt man damit über differenziertere Lösungen. Die Umsatz-
     rentabilität erscheint als nützliche Maßgröße. Im Gegensatz zum ROI entfällt die Prob-
     lematik der Bewertung von Vermögensgütern.

78) Um den Einfluss der Abschreibungspolitik auszuschließen, erweist es sich als aussage-
     fähiger – besonders bei externer Analyse – die Kennziffer „CF/Umsatz" der Umsatz-
     rentabilität den Vorzug zu geben.

Zu Zelle E595

79) Die Gemeinkosten-Basis wird in der Zelle E595 ausgehend von den Fixkosten der
     Zelle C307 ermittelt durch den Abzug von:
     FuE-Aufwand (Zelle B65)
     Materialannahme-Aufwand (Zelle B66)
     Packereiaufwand (Zelle B67)
     Montageaufwand (Zelle B68) und
     Abschreibung der Maschinen (Zelle B251).
     Die abgezogenen Positionen werden im Wege der Prozesskostenrechnung verursa-
     chungsgerechter zugeordnet.

	A	B	C	D	E
526	**Elimination**	**ALPHA**	**BETA**	**GAMMA**	SUMME
527	Produktion (TStk.)	244	301	84	629
528	Absatzmenge	244	301	84	
529	Auslieferungen (Anz	2	5	4	11
530	Ziel-Verkaufspreis (€	112	68	81	
531	Verkaufspreis (effek	112	68	81	
532	Umsatz (ges. - EU)	27328,0	20468,0	6804,0	54600
533	Var. Kosten (ges. - E	4672,6	4879,2	1927,0	11478,8
534	Deckungsbeitrag I (c	22655,4	15588,8	4877,0	43121,2
535	Fixe Kosten (ges. - E	13.963	6.206	10.860	31.028
536	Materialkosten/Stüc	13,7	8,2	15,9	
537	Material-Einsatz (je F	3352,56	2474,2	1332,2	7159,02
538	En. (T€)	268,4	722,4	193,2	
539	Müll (T€)	100,04	117,39	40,32	
540	Maschinenstunden (gesamt)				1785
541	Materialann./Produk	5	14	12	31
542	**Materialannahme (ges. - TEU)**				420
543	Packaufträge/Lief. (A	2	5	4	11
544	**Packerei (ges. - EU)**				
545	FuE (PKR - %)	25%	35%		
546	**FuE (ges. - EU)**				
547	Montage (Anteile %)	19%	38%		
548	**Montage (ges. - EU)**				
549	**KALKULATION (Basis: ARBEIT)**				
564	Kosten/Stück (€)	61,20	72,27	69,30	42506,8
565	Umsatzrentabilität	45,4%	**-6,3%**	14,4%	
566	**KALKULATION (Basis: MATERIAL/MASCH.)**				
582	Kosten/Stück (€)	58,85	72,39	75,70	42506,8
583	Umsatzrentabilität	47,5%	**-6,5%**	6,5%	
584	**PROZESSKOSTENRECHNUNG**				
598	Kosten/Stück (€)	68,73	56,53	103,63	42506,8
599	Umsatzrentabilität	38,6%	16,9%	**-28,2%**	

Negative Umsatzgewinnraten

Abbildung 3.37: Elimination

Zu Zeile 598

80) Es ergeben sich an Gesamtkosten für
ALPHA: 16.770
BETA: 17.015
GAMMA: 8.721 und für alle drei Produkte zusammen wie bei den beiden vorhergehenden Kontrollrechnungen: 42.507 T€.

81) Beim hier verwendeten Zahlenmaterial resultieren unterschiedliche Empfehlungen zur Elimination eines Produkts in Abhängigkeit von der verwendeten Methode – indes jeweils beurteilt anhand der ***Umsatzrentabilität***.
Kalkulation (Basis: Arbeit): BETA (Zelle C565),
Kalkulation (Basis: Material/Maschinen): BETA (Zelle C583) und
Prozesskostenrechnung: GAMMA (Zelle D599).

Prozesskostenrechnung
**Ziel: Zurechnung der Gemeinkosten
nach der Inanspruchnahme in den
Prozessen**

Montage			
B589	=B547	Anteil von ALPHA	19%
	*E548	Montage gesamt	830 (T€)
	/B527	Produktionsmenge	244.000
			0,65 (€)

Material-Ann.			
B591	=((B541	Produktionsläufe	5
	/E541)	Anzahl d. Prod.-läufe	31
	*E542)	Ges.-K. d. Mat.-Ann.	420 (T€)
	/B527	Produktionsmenge	244.000
			0,28 (€)

FuE			
B592	=B545	FuE für ALPHA	25%
	*E546	FuE gesamt	1.800 (T€)
	/B527	Produktionsmenge	244.000
			1,84 (€)

Packerei			
B593	=((B543	Anzahl d. Packauftr.	2
	/E543)	Packaufträge gesamt	11
	*E544	Ges.-K. d. Packerei	980 (T€)
	/B527)	Produktionsmenge	244.000
			0,73 (€)

Abbildung 3:38: Zurechung der Gemeinkosten

PROZESSKOSTEN
**Erläuterung zur Gemeinkosten-Basis (€)
in der Zelle
E595**

	=(C307	gesamte Fixkosten	'31.028
	-(B65	FuE	- 1.800
	+B66	Mat.-Annahme	- 420
	+B67	Packerei	- 980
	+B68	Montage	- 830
	+B251))	Abschr. Masch.	- 5.576
	*1000		21.422 (E595)

Material (direkt gesamt - €)

	=E568 = E594		7.159.020

Gemeinkosten-Zuschlag (%)

	=E595/E594	Gem.ko.-Basis/Mat.(dir.g.)	299% (E596)

Die Zuschlagsbasis wird auf 21.422 vermindert.
Die herausgenommenen Positionen werden
verursachungsgerechter den Produkten angelastet.

Abbildung 3:39: Erläuterung zur Gemeinkosten-Basis

Das nach Ablauf des Planungszeitraums erst mögliche Gegenüberstellen von Zielen (Wünschen, Hoffnungen, Erwartungen von Möglichkeiten) mit den tatsächlich eingetroffenen Istdaten stimmt oft nachdenklich. Bescheidenheit hinsichtlich unserer prognostischen Möglichkeiten aber auch Kühnheit beim Einbeziehen unvorhersehbarer Entwicklungen erscheinen angemessen.

Andererseits darf kein Verantwortungsträger der Wirtschaftspraxis heute auf eine Planung mit konkreten Zahlen verzichten. Die kaum quantifizierbaren Wesensmerkmale von Menschen innerhalb und außerhalb des Unternehmens sollten dennoch eine zentrale Rolle spielen. Umsatz steigern und Kosten senken ohne moralische Schranken führt zu Katastrophen. Erdbebenopfer durch minderwertigen Beton beim Bau, Einsparungen im Transportwesen oder Rinder mit BSE seien als Beispiele genannt. Jeder einzelne in der Gesellschaft kann seinen Beitrag leisten und hat irgendwann entschieden oder immer wieder einmal die Möglichkeit zur Wahl, ob er nur seinen eigenen Nutzen mehren will, ohne Rücksicht auf höhere Bindungen. Bei der Verantwortung für den Mitmenschen stößt man auf religiöse Dimensionen und die Weisung: „Liebe deinen Nächsten wie dich selbst" (3. Mose 19,18 oder Matthäus 22, 39).

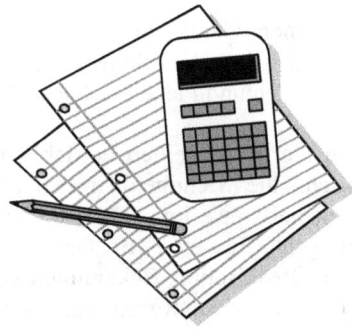

4 Zusatzinformationen

Ganz gleich, was wir betreiben oder unternehmen: Überlegungen zu Planung, Handeln und Erfolgskontrolle basieren stets auf ähnlichen Grundsätzen. Die nachfolgenden Gedanken zu einem erfolgreichen Management führen insofern über dieses Thema hinaus.

Die Beschäftigung mit technischen Projekten zeigt, dass die Naturwissenschaften der Theorie von Unternehmenssteuerung wertvolle Anregungen geben können. So gibt es beispielsweise ein systematisches Forschen in der Physik oder Chemie wesentlich länger als in den Wirtschaftswissenschaften. Entsprechend hoch ist der Reifegrad – nicht zuletzt wegen der exakten, oft mathematischen Lösungen. Dies gilt auch für das private Analysieren und Entscheiden. Ein an Naturwissenschaft und Technik orientiertes Vorgehen verbessert Strukturierung, Zielausrichtung, Dokumentation, Kommunikation und damit den Wirkungsgrad. Abweichungen der Abläufe von Plan-Daten bewirken in der Technik mitunter spektakuläre Effekte. Derartige Misserfolge sind meist unvermeidlich. Sie führen aber regelmäßig zur Verbesserung der angewandten Theorie und der darauf basierenden Methoden.

Die Gegenständlichkeit und exakte Messbarkeit verhelfen zu realitätsnahen Ansätzen. Ebenso wird ein erreichtes Niveau der Erkenntnis und technischen Umsetzung nicht wieder aufgegeben – im Gegensatz zu Moral, Rechtswesen oder Betriebswirtschaftslehre. So war der Begriff „nominale Außenbeziehung" vor Jahrzehnten im Rechnungswesen als sehr fruchtbar anerkannt. Er verschwand aus der Diskussion.

Zu einem Gerät oder einer Maschine gibt es regelmäßig Stücklisten. Es ist bis in das letzte Detail bekannt, welche Elemente vorkommen. Und zwar lückenlos! Bei wirtschaftlichen Modellen und Plänen treten auch unbekannte Faktoren auf.

Im hier dargestellten betrieblichen Gesamtplan in der Form einer Excel-Tabelle wird versucht, die wichtigen Größen zu erfassen. Nicht ausdrücklich aufgeführte Daten kommen beispielsweise im „sonstigem Aufwand" (E70 etc.) oder in „anderen aktivierten Eigenleistungen" (F64 etc.) vor. Derartige Zusammenfassungen gibt es auch in der Praxis. Betriebliche Organisation, Bekanntheit von Produkten und Firma, Vorteilhaftigkeit geheimer Produktionsmethoden (Rezepturen) oder ähnliche weiche Ertrags- und Kostenfaktoren lassen sich nicht in die quantitative Planung einer Tabellenkalkulation einbeziehen.

Eine Rolle spielen die Hauptpunkte: Analyse, Entscheidung, Evaluation und Simulation.

4.1   Analyse

4.1.1   Analyse der Ausgangssituation

Vor der Entscheidung hinsichtlich der Ziele und der Interventionen steht sinnvollerweise eine Beurteilung der Lage. Sie entsteht aus objektiv meßbaren Parametern und subjektiven Bewertungen. Sinnvoll ist eine Analyse. Das Wort kommt von griechisch ανάλυσις = „Auflösung". Es geht um die systematische Erforschung eines Objektes. Im Gegensatz zu einer globalen Beurteilung versucht man, ein Ganzes (häufig ein System) in Elemente zu zergliedern. Mitunter geht dies nicht, ohne etwas zu zerstören. Ein Geheimnis als solches stehen zu lassen gebietet die Ehrfurcht vor höheren Werten. Im Anschluss an Manns „Zergliederer"

(Tod in Venedig) gibt es in der Psychotherapie die widersprüchlichsten Auffassungen. Goethes Faust kommt in den Sinn: „Du hast die Teile in der Hand, fehlt leider nur das geistige Band". Hierauf sei nur beiläufig verwiesen.

Im Betrieb entstünden durch eine Untersuchung aller Komponenten mitunter zu hohe Kosten. Darauf wird später bei physikalisch-technischen Aspekten eingegangen.

Eine zentrale Frage gilt den Elementen einer Ausgangssituation. Besonders denen, die relevante Wirkungen verursachen könnten. Die entstehenden Teilbereiche – oft Subsysteme - werden benannt, strukturiert, beurteilt und dokumentiert. Diese jeweilige Ausgangssituation liefern die Excel-Zellen des Gesamtplans von Zeile 1 bis 102.

Es stellt sich die Frage: Soll diese Situation konserviert oder verändert werden? Wie stark muss eine Modifikation in Bestehendes eingreifen: substantiell oder nur kosmetisch? Letzteres bedeutet oft mit so genannten „Reformen" nur Symptome zu mildern.

Soll vielleicht der Automatisierungsgrad grundlegend gesteigert werden? Dies würde sich im Investitionsplan (Zeilen 219 bis 227) ausdrücken.

Systeme erreichen mitunter durch die Vielzahl der Teilelemente ein hohes Maß an Komplexität. Als Beispiel sei die Formel für Maschinenkosten in der Zelle B581 genannt. Die Realität stellt sich komplexer dar. Wurden doch vereinfachende Annahmen getroffen.

Als Folge zunehmender Anzahl der Elemente ist zu berücksichtigen:
die Komplexität steigt,
die Abweichungsmöglichkeiten nehmen zu.

Jedes Element kann in der Ausgangssituation oder im weiteren Prozessverlauf von der geplanten Sollgröße abweichen! Insofern kann fast jede Excel-Zelle des Gesamtplans durch Soll-Ist-Vergleiche mehrerer Abrechnungsperioden wertvolle Einsichten liefern. Besonderes Augenmerk zielt auf die Art des Zusammenwirkens der einzelnen Elemente (beispielsweise deren Vernetzung). Oft gehen von einem Element Effekte auf verschiedene Komponenten des Systems aus (Kausalität).
Der dargestellte Gesamtplan enthält eine Vielzahl derartiger Zusammenhänge. Wenn man mit Excel arbeitet, bietet die Formelverfolgung eine anschauliche Darstellung.
Vorgehen:
    a.   Markiert wird eine zu analysierende Zelle – beispielsweise D109 (Lohnsumme),
    b.   „Extras" (Aufruf des Menüpunktes),
    c.   „Formelüberwachung" (früher: „Detektiv"),
    d.   „Detektivsymbolleiste",
    e.   „Spur zum Vorgänger" oder „Spur zum Nachfolger".

Farbige Pfeile erscheinen, die entsprechende Zusammenhänge aufzeigen. Die Wirkung von Formeln und Anweisungen zur Wertübernahme tritt sehr anschaulich in Erscheinung.

Der Frage von Ursache und Wirkung gilt es nachzugehen. Jedes Geschehen folgt aus einer Ursache und bewirkt gleichzeitig ein anderes Geschehen. Die Ursache kann man aufspalten in

a. äußere Bedingungen,

b. innere Bedingungen, die das Zustandekommen der Wirkung ermöglichen und

c. Auslöser, die den Anstoß geben (Trigger).

Allgemein ausgedrückt gilt die Annahme einer Beziehung zwischen Ereignissen oder Phänomenen derart, dass das Auftreten des einen (B) oder seine Anwesenheit notwendigerweise das andere (A) voraussetzt. A begleitet B. Oder B folgt auf A. Kausalität herrscht, wenn A auf B einen Einfluss hat. Eine bestimmte Wirkung ergibt sich immer nur dann, aber immer dann, wenn die Ursache vorhanden ist. Oft entsteht aber auch ein Irrtum dadurch, dass ein zeitliches „Danach" aufgefasst wird als ursächliches „Dadurch" (Sündenbock). Bei den alten Römern galt schon: „Post hoc, non propter hoc." (Nach diesem, nicht wegen diesem.)
Eine Kausalverbindung (causal nexus) bezeichnet die Beziehung oder Verknüpfung zwischen zwei sukzessiven Ereignissen selbst, sofern der gesamte Ablauf als kausal bezeichnet bzw. angenommen wird.

Oft ergibt sich eine Wirkung im Sinne einer neuen Qualität als Folge von einer Ansammlung von geringfügigen Quantitäten. Beispiel: Rote Karte nach mehreren gelben im Sport. „Das Fass läuft über."

Das Verstehen und die Erfassung von Ursächlichkeiten bildet die Voraussetzung für Prognosen und die Konstruktion – beispielsweise von Maschinen. Eine gewisse Berechenbarkeit von Abläufen ist das Anliegen. Wir wollen Zusammenhänge erkennen. Denn diese Gesetzmäßigkeiten wirken, weil dahinter eine Realität steht. Begründungen für bestimmte Gegebenheiten sind zu suchen. Wie schwer dies mitunter fällt, erkannte schon Vergil (Georgica): "Glücklich, wer die Ursachen der Dinge erkennen konnte" (Felix, qui potuit rerum cognoscere causas"). Andererseits werden Warum-Fragen mit viel Skepsis beurteilt. Unter anderem von Mystikern. So plädiert Meister Eckart für ein Leben „Sunder Warumbe". „Wer nur einen Augenblick in diesen Grund (Gottes) geblickt hat, dem Menschen sind tausend Pfund rotes geschlagenes Gold nicht mehr als ein falscher Heller. Aus diesem innersten Grund heraus sollst du alle deine Werke wirken ohne ein Warum."
Aristoteles bringt zur Kausalität Gedanken, die von ihrer Gültigkeit nichts eingebüßt haben (Metaphysik, S. 548). Vier Ursachen lassen sich unterscheiden:

a. „Zweck, also das Wozu". Frage: Was soll erreicht werden? Bildhauerei in der Absicht, etwas für die Kunst, das eigene Einkommen oder einen Freund zu tun – der finale Aspekt.

b. „Grund heißt in einem Sinne das in dem Gegenstande Enthaltene". Woraus wird das Produkt erstellt? Also der Marmor für die Bildsäule. Das Silber für das Gefäß. Es geht hier um materiale Aspekte. Was wird an Anfassbarem benötigt? Werkzeuge und Werkstoffe.

c. „Die Form und das Urbild, also der Wesensbegriff, sowie die jenen übergeordnete Gattung." Es geht hier um Ideen und Fähigkeiten zur Gestaltung der Realität – der formale Gesichtspunkt. Auch die Überlegungen des Gesamtplans fallen hierunter.

d. Hinzukommen muss noch die Willenskraft. Ohne diesen effizierenden Aspekt wird letztlich nichts erreicht. Zähigkeit und Durchhaltevermögen auch bei Fehlschlägen ermöglichen erst das Gelingen.

Noch mal wegen der Wichtigkeit ein Beispiel auf den Betrieb bezogen:
-   Final: Bestimmter Überschuss als Ziel,
-   Material: Anlage- und Umlaufvermögen in richtiger Art und Menge,
-   Formal: Geschick bei strategischen und operativen Entscheidungen und Handlungen,
-   Effizierend: Engagement und Dynamik bei der Zielverfolgung.

Ein unerschütterlicher Glaube an derartige Ursächlichkeit war lange Zeit dominierend. Wirkungen resultieren aus Ursachen – und zwar mit einer gewissen Berechenbarkeit.
Im Subatomaren gibt es gemäß der modernen Quantenphysik keine derartige Kausalität (Heisenberg). Insofern resultierte hieraus eine völlig neue Sicht. Anfangs stieß dies auf allgemeine Ablehnung. Als Mensch verwendet man Begriffe, die auf Kausalitäten beruhen. Unsere Vorstellungswelt ist tief davon geprägt. Den Umbruch löste eine Erkenntnis Max Plancks aus: Strahlung liefert Energiequanten in ganz bestimmten unteilbaren Portionen. Die Leitidee „Die Natur macht keine Sprünge" war widerlegt.

Doch äußerte Einstein zunächst im Hinblick auf die Unbestimmtheitsrelation erhebliche Bedenken: „I cannot believe that god plays dice with the cosmos", schrieb er am 4. Dezember 1926 in einem Brief an Max Born. Oft wird dieses „Gott würfelt nicht" seither diskutiert. „Die Theorie liefert viel, aber dem Geheimnis des Alten bringt sie uns doch nicht näher." Einstein meinte damit unlösbare Rätsel Gottes.

Beim hier dargestellten Gesamtplan geht es um konkretere Zusammenhänge. Es ist ein geschlossenes und vereinfachtes System. Angestrebt wird das Vorliegen von Aussagen über Bezüge in der WENN-DANN-Form.

Außer der Wirkung und ihrer Richtung gibt die hier benutzte Tabelle auch quantitative Effekte an. An jeder Stelle des Gesamtplans müssen die verwendeten Zahlen möglichst genau der Realität entsprechen. Als besonders problematisch erweisen sich oft Daten, die etwas Zukünftiges ausdrücken.
In der Lehre täuscht die Angabe von Soll-Zahlen mitunter eine Situation vor, die es in der Realität nicht gibt. Gerade aber das Planen in der dargestellten Form verbessert das Gespür für künftige Möglichkeiten.

Obwohl eine Vielzahl von Einzeldaten letztlich zu Spitzenkennzahlen führt, tritt immer wieder zu Tage:
„Das System ist mehr als die Summe seiner Elemente." Für Nuklearanlagen, Flugzeuge, praxisnahe Gesamtpläne und ähnliche Systeme gilt: Es ist kaum möglich, alle Abweichungen von den vorgesehenen Sollzuständen
- zu erkennen (fehlende Sensoren – zu hohe Kosten) und
- zu beseitigen. Hierzu unter 2.1!

Dies gilt für:
- o Planung,
- o Realisierung oder
- o Korrektur (Anpassung an Erfordernisse - Punkt 2.)

Mitunter kommt es vor, dass die Lebensdauer oder Funktionsfähigheit eines Elementes oder Subsystems -beispielsweise einer organisatorischen Einheit – sinkt und zu Ende geht. Zu denken ist hier an eine Festlegung von Abläufen wirtschaftlicher, rechtlicher und technischer Art. Ökonomische und juristische Vorstellungen veralten – ebenso wie Bauteile in Maschinen. Auch Rückkopplungen treten auf. Das Akronym AHMAZ steht für „Alles hängt mit allem zusammen". Derartige Interdependenzen gelten besonders für Organismen.

Es handelt sich dabei um ein System, das aus miteinander verbundenen und voneinander abhängigen Teilen besteht und das aufgrund dieser wechselseitigen Verbundenheit der Teile existieren kann.

Im Gesamtplan hat die Änderung eines Zellinhalts einer Ausgangsgröße oft auch Auswirkungen auf eine andere Ausgangsgröße hat. Die Ceteris-Paribus-Klausel fällt ins Gewicht (Annahme: „die übrigen Faktoren bleiben gleich"). Konkret bei der Sensibilitätsanalyse: Versucht man den Preis zu erhöhen, sinkt auf dem Markt die Absatzmenge (Zeilen 430 bis 466).

Es gilt, ständig zu bedenken, dass an jedem Teil und jedem Subsystem unerwünschte Entwicklungen auftreten können. Das Unwort des Jahres 1999 war „collateral damages" (Begleitschäden im Sinne von schädlichen Nebenwirkungen). Im Falle eines Krieges ein besonders makabrer Effekt!

Die Anzahl möglicher Schadensarten wächst durch die Vielzahl beteiligter menschlicher und sachlicher Systemkomponenten. Gerade auch das Zusammenwirken verschiedener Elemente schafft ebenfalls weitere Fehlermöglichkeiten.

Zweck einer solchen Analyse ist meist zunächst die Erkundung eines Ist-Zustandes. In der Medizin geht einer Entscheidung für eine Therapie eine Diagnose voraus. Zur Vermeidung von Fehlentwicklungen stellt man sinnvollerweise auch die Frage nach den Ursachen eines Ist-Zustandes.
Analyse ist auch die Wahrnehmung und Dokumentation von Bedingungen einer Situation. Diese sollte sich beziehen auf Elemente eines Systems, deren Beschaffenheit, deren Stellung (Position) und deren Zusammenwirken. Hierauf wird später eingegangen.

4.1.2   Wo stehe ich? Meine Situation?

4.1.2.1   Standort
Wenn es um meinen Standort auf der Erde geht, gibt es zwei Daten. Auf einem GPS-Gerät lassen sich die Koordinaten für Breiten- und Längengrade ablesen. Es ist eine eindeutige und absolute Bestimmung der Position. In relativer Weise kann man auch angeben, wie weit und

in welche Richtung man von einer bestimmten Stelle aus entfernt ist oder sich bewegen muss.

Auf freiem Feld oder auf See hat man bei der Wahl der Richtung viele Möglichkeiten. Nach allen Seiten: 360 Grad auf dem Kompass. Es ist später zu erörtern, welche Informationen wir haben.

4.1.2.2 Situation

Situation (oder „Lage" - lateinisch: situs = Stelle, Sitz, Position) - die Gebundenheit an Bedingungen – der Zwang, Faktoren (Elemente eines Systems) bei Entscheidungen zu berücksichtigen.

Bei der Analyse der Situation von Menschen stellt man beispielsweise eine Notlage fest. Daraus resultiert (nach Popper) noch nicht die Forderung nach einer sozialeren Weltordnung. Eine solche ergibt sich erst aus den Wertvorstellungen eines Beobachters. Es gelte zu vermeiden, dass Wertvorstellungen zu Schranken für die Erkenntnis werden. Normative Begriffe dürfen nicht erkenntnisleitend sein in dem Sinne, dass die Wünschbarkeit einer Sache mit ihrer Realisierbarkeit gleichgesetzt wird. Werte sind aber logisch nicht begründbar.

So müssen beispielsweise in der Materialwirtschaft ständig aus den entsprechenden Excel-Zellen des Gesamtplans die entsprechenden Erkenntnisse gewonnen werden. Sie geben aber nur Anhaltspunkte für die zu treffenden grundlegenden Entscheidungen.

Es ergibt sich die Frage:
Wo stehe ich? (Punkt 1.2)
Brauchbare Antworten sind bezogen auf die jeweilige Position. Aber auch auf Bedingungen (Möglichkeiten/Grenzen), Informationen und Ziele. Hierauf wird später ausführlich eingegangen.

Aus der Analyse einer Situation ergeben sich Entscheidungen. Festzulegen sind einzusetzende Mittel und zu wählende Wege (hierzu Punkt 2.2). Entscheidungen werden also zweckmäßigerweise situationsbezogen getroffen. Sie ergeben sich aus der Einschätzung der Lage.
Beispiel: Wir stehen ständig Umständen gegenüber – beeinflussbaren und hinzunehmenden. So ändern sich beispielsweise Preise auf dem Markt.
Für Rohstoffe, Dienste und die von uns angebotenen Produkte. Auch Mode, Wetter, technischer Fortschritt unterliegen einem dauernden Wandel. Wir müssen diese frühzeitig erkennen und angemessen in unser Bild der Situation einfügen.

Modifikationen der Planung ergeben sich zwangsläufig daraus. Die Situation ist determiniert im Hier und Jetzt. Die Lage und unsere Einschätzung derselben unterliegen einem ständigen Wandel. „Panta rhei" (= alles fließt) sagte dazu Heraklit.

Genau dies zeigt sich, wenn man bestimmte Excel-Zellen von Gesamtplänen mehrerer Jahre miteinander vergleicht.

Wir müssen uns mit vielfältigen Bedingungen beschäftigen. Und diese berücksichtigen. Eine Bedingung stellt im juristischen Sinn ein Wirksamkeitserfordernis dar. Sind bestimmte Merkmale eines Tatbestandes erfüllt, kann eine Rechtsfolge eintreten. Ein Defizit wird deutlich: Es fehlen oft brauchbare Informationen über Bedingungen.

Dies hängt von den Arten von Bedingungen ab. Eine Rolle spielen personen- sowie sachbezogene, aber auch personen- und zugleich sachbezogene Wirkgrößen. Viele lassen sich kaum in Zahlen fassen. Hierzu gehört das Betriebsklima als gewichtiger Faktor.

Aber auch nicht-betriebsbezogene Determinanten (beispielsweise Wetter, Krieg in Absatz- oder Lieferregion, Rechts- und Moralauffassungen). In den Excel-Zellen des Gesamtplans lassen sich diese Faktoren kaum erfassen. Allgemein gilt es, die Mitwelt und Sachwelt im Blick zu halten. Die nachfolgend erörterten Entscheidungen sind daran anzupassen.

Unsere Lebenssituation oder die eines Betriebes erfordert komplexere Standortbestimmungen. Zu klären gilt: Wie bin ich aufgestellt? Wie ist die Marktlage? Wo stehe ich im Vergleich zur Konkurrenz?

Nützlich ist es, die Umsatzzahlen des Gesamtmarktes zu kennen – möglichst auch solche der Konkurrenz. Sie sind in Relation zu unseren Daten zu setzen.

Auszugehen ist im Wirtschaftsleben davon, dass harter Wettbewerb herrscht. Dies gilt für viele Lebensbereiche. Wir können uns von der Idylle eines Sees in eine romantische Stimmung bringen lassen. Unter der Wasseroberfläche tobt ein Kampf ums Überleben. Hechte fressen kleinere Fische.

Von Ignacio Lopez stammt die Geschichte von Gazellen und Löwen. Beide wachen morgens im Dschungel auf und wissen: Wenn sie überleben wollen, müssen sie rennen. Gazellen müssen versuchen, den Löwen zu entkommen. Sonst werden sie gerissen. Löwen müssen die Gazellen jagen. Sonst müssen sie verhungern. Es ist egal, ob man Gazelle oder Löwe ist. Sobald die Sonne aufgeht, muss man losrennen. Andernfalls bekommt man Probleme. „Nun gut – ich stehe tatsächlich jeden Tag in aller Frühe auf", gesteht Lopez.

Schon im alten Rom bestimmte der ständige Kampf ums Dasein das Lebensgefühl: „Homo homini lupus" (Ein Mensch ist dem anderen ein Wolf.) Auch unsere westliche Welt ist davon geprägt. Besonders im Wirtschaftsleben herrscht das Bewußtsein der Bedrohung vor.
Ausdrücke wie „hostile takeover" (feindliche Übernahme) fördern ein Denken in Begriffen des Krieges. Immer wieder liest man von der „schöpferischen Zerstörung". Diese Vorstellung stammt von Schumpeter. Die Folge ist eine verrohte Welt. Man kann darüber klagen. Und auch versuchen, zur Humanisierung beizutragen. In der betrieblichen Wirklichkeit kommt man nicht daran vorbei.

Den Wettstreit um Überlegenheit findet man auch im Pflanzenreich. Bäume, Sträucher und Gräser kämpfen um einen Platz an der Sonne. Unkraut strebt danach, Nutzpflanzen zu überwuchern. Greift der Mensch nicht ein, gewinnt oft das Stärkere die Oberhand.

Aber es gibt auch Ausnahmen. Die Artenvielfalt der Tier- und Pflanzenwelt läßt sich nicht darwinistisch erklären. Gäbe es nur Selektion, entstünde daraus Verminderung von Vielfalt. Die Wirklichkeit in der Natur aber ist nicht nur die Überlegenheit der Stärksten. Auch das unzählbare Überleben von weniger „Tüchtigen" spielt eine bedeutende Rolle. Rezessive Erbmerkmale sind oft die überlebensfähigeren. Sie setzen sich durch.

Samuelson, der erste Nobelpreisträger für Wirtschaft, stellte fest: „Es ist von Bedeutung unbedeutend zu sein" (1964, 2. Band S. 213) Die gilt für Faktoren mit geringem Anteil an den Gesamtkosten. Höhere Preise werden eher vom Einkäufer bezahlt. Es lohnt sich nicht, viele Vergleichsangebote einzuholen. So können Marktnischen das Gedeihen fördern.

4.1.2.3   Kooperationspartner

Wer hilft mir? Wer denkt in ähnlichen Kategorien und benutzt eine kompatible Sprache? Wem kann ich vertrauen? Gab es in der Vergangenheit positive Erfahrungen bei einem gemeinsamen Projekt („positives Beziehungskonto")? Bisher positiv Verlaufenes spricht zunächst für künftige gute Zusammenarbeit. Welche Kooperationen sind nützlich oder schädlich?
Aspekte gelten
- personen-
- sach- und
- situationsbezogen.

Letzteres bezieht sich auf die Berücksichtigung des jeweiligen Zeitpunktes aber auch des Ortes.

Beispiele:
Gesundheitliche Belastbarkeit, persönliche Abneigungen und Vorlieben sind zu berücksichtigen. Aber auch der Restwert eines Anlagegutes – beispielsweise einer technischen Einrichtung. Hier kommt es mitunter zu überraschenden Befunden. Eine große, schwergewichtige und sehr teure Maschine leistet in einem Betrieb seit über 40 Jahren gute Dienste. Ihr Buchwert beläuft sich seit langem auf praktisch Null. Auf die Frage nach dem heutigen Anschaffungspreis hörte ich: „Mit 500.000 € bist Du dabei." Bei der Errechnung des ROI werden entsprechende stille Reserven einbezogen (Zelle B523).

Zu klären gilt es, über welches Know-How wir verfügen. Eigenes oder fremdes, das wir problemlos abrufen können.
Uns Menschen ist es oft nur unter großem Aufwand möglich, in hoch differenzierten Anlagen - beispielsweise Atomkraftwerken, Verkehrsflugzeugen - sämtliche Ausfallsmöglichkeiten bei Forschung, Entwicklung, Produktion oder auch Instandhaltung vorherzusehen. Es fehlen die nötigen Informationen (vgl. 1.4). Damit lassen sich viele Planabweichungen kaum oder nur sehr kostspielig verhindern. Hinzu kommen auch physikalische Effekte (beispielsweise Korrosion oder Verschleiß). Sie schränken die Lebensdauer eines Bauteils ein. Auch Schäden können daraus resultieren. Häufig liefern erst Katastrophen die Einsichten, um komplexe Systeme sehr stabil zu realisieren.

4.1.3   Wie sind meine Möglichkeiten/Grenzen?

Was kann ich beeinflussen? Was muss ich akzeptieren? Was sollte ich anderen überlassen? Gründe des Wettbewerbs und der daraus resultierende Zwang zur Begrenzung von Kosten verhindern mitunter, sämtliche Teile eines Systems bei der Herstellung und Wartung bis ins letzte Detail zu überprüfen. Es lassen sich also Ausfälle von Komponenten nicht vollständig verhindern. Immer wieder liest man dies bezogen auf bestimmte hochkomplexe technische Systeme. Wollte man Gefahren völlig ausschließen, würde dies für manches Projekt das Ende bedeuten. Entwicklungen würden nie realisiert. Sie müssten ständig vorsorglich instand gehalten werden.

Dies gilt durchaus auch in gewissem Maß für Flugzeuge. Abwägungen des Risikos sind unerlässlich. Ein ängstlicher Mensch müsste sich – im Bewusstsein derartiger Sachverhalte - einen Aufenthaltsort suchen, über dem es keinen Flugverkehr gibt. Erst recht dürfte man sich nicht in ein Flugzeug setzen. Die Reisedauer von Berlin nach Rom wäre dann um den Faktor 12 länger. Für den gläubigen Menschen wächst die Bescheidenheit und das Hoffen auf einen ihm wohl gesonnenen Gott.

Juristisch kann hier der Begriff „höhere Gewalt" zum Zug kommen. (vis major, 'greater force', unavoidable accident, act of God;).

Es handelt sich um ein unvorhersehbares und unabwendbares Ereignis. Es kann bei Nichterfüllung von Verträgen oder Versäumnis von Fristen zum Ausschluss einer Haftung führen. Nach § 651j BGB können sowohl der Reisende als auch der Reiseveranstalter den Vertrag kündigen, wenn die Reise in Folge bei Vertragschluss nicht voraussehbarer höherer Gewalt erheblich erschwert, gefährdet oder beeinträchtigt wird.

Ein zentraler Begriff ist das Risiko. Es ergibt sich aus
Eintrittswahrscheinlichkeit mal Abweichungshöhe.

Beispiel:
Kollision zweier Jumbos in Los Rodeos auf Teneriffa 1977:
Viele ungünstige Bedingungen trafen zusammen: die folgenschwerste Katastrophe des zivilen Flugverkehrs ereignete sich nicht in großer Höhe - auf einer Startbahn gab es den Zusammenstoß - Nebel am damals einzigen Flugplatz im Norden Teneriffas – Bombendrohung auf Gran Canaria und Schließung des dortigen Flugplatzes – Umleitung von Flügen mit der Folge der Überfüllung auf Teneriffa: keine Ausweichmöglichkeiten - parkende Jets auf der Rollbahn – fehlendes Bodenradar auf Teneriffa und kein Sichtkontakt zum Vorfeld – Norm zur Flugdauer einer beteiligten Fluggesellschaft und dadurch übertriebene Eile – ein an sich sehr erfahrener Pilot (der dienstälteste Pilot seiner Gesellschaft) war zuletzt vorwiegend Dozent mit der Folge eines mitunter vermuteten Routinemangels – nur bruchstückhaft durchkommende Anweisungen des Towers wegen eines Funkausfalls bzw. eines sich überlagernden Funkverkehrs, - die momentan schlechte Funkqualität ergaben falsche Informationen und Fehlentscheidungen für die Dauer einer Zehntel-Sekunde - Folge: 583 Tote.

Vieles muss oft zu einer bestimmten Zeit zusammenwirken. Dies gilt auch regelmäßig für die Erreichung eines Zieles.

Mögliche Gefahrenquellen gilt es zu erkennen und zu beseitigen. Viele Faktoren muss man dabei berücksichtigen. Nicht alle liegen in unserem Einflussbereich. Wohl aber zu bestimmten Zeiten die Wahl, etwas anzupacken oder es zu unterlassen.

In der anglo-amerikanischen Literatur wird in diesem Zusammenhang die SOFT-Analyse diskutiert. Das Akronym dient als Gedächtnisstütze:
S = strengths (Stärken)
O = opportunities (Möglichkeiten)
F = failures (Fehler, Defizite)
T = threats (Bedrohungen).

4.1.4   Welche Informationen habe ich?

Information bedeutet das Wissen über einen Sachverhalt (Wortherkunft von lat.: in-formare = bilden, eine Form geben). Aber auch der Erwerb solcher Kenntnis fällt darunter. Bezugsquelle können Aussagen oder Wahrnehmungen sein. In manchen Fällen denkt man dabei an unsystematisches Wissen über bestimmte Gegenstände oder Vorgänge. Man kennt sie vielleicht vom Hörensagen und nicht aus eigener Erfahrung. Es ist ein potenziell oder tatsächlich vorhandenes nutzbares Muster von Materie und/oder Energieformen.

Dimensionen:
1. Art des Signals (formal: Sprache, Ton, Schrift, Bild, Handlung, Gegenstand; inhaltlich: wahrheitsgemäß, unwahr)
2. Art der Wahrnehmung
3. Art der Interpretation

Beteiligt sind jeweils ein Sender, der ein Muster als Signal von sich gibt und ein Empfänger. Dieses Muster verändert den Zustand des Empfängers - besonders dessen Wissen zu bestimmten Sachverhalten. Es ist für einen Empfänger jeweils innerhalb eines bestimmten Kontextes relevant. Zu diesen Sachverhalten gibt es ständig neue Erkenntnisse. So stehen Schlagwörter wie „Wissensorganisation" oder „Wissensmanagement" hoch im Kurs.

Wesentlich für die Information sind Wiedererkennbarkeit und angemessene Einordnung in bestehende Datenstrukturen. Insofern erweist sich eine Tabellenkalkulation als nützlich. Rechenblätter aus früheren Perioden helfen, die Frage zu beantworten: „Welche Information benötige ich?" Und zwar mit engem Bezug zu den verfolgten Zielen. Es kommt darauf an, die Ansätze – konkret die Zellen und Formeln der Excel-Zellen des Gesamtplans – ständig der sich verändernden Realität anzupassen. Manche Ausgangsdaten lassen sich aus Zahlen der Vergangenheit ableiten. Die Erfahrung der vergangenen Jahre hilft dabei. So können die Zahlen des Vorjahres (hier jeweils „20x0") mit einem Wachstumsfaktor multipliziert werden.

Mitunter ändert sich das Verhalten der Marktteilnehmer sprunghaft. Es treten beispielsweise neue Produkte oder andere Verbrauchsorientierungen auf. Im Hinblick darauf besteht zunächst beträchtliche Unwissenheit. Insofern erweisen sich alternative Szenarien als nützlich. Auch der ungünstigste Fall („worst case") sollte einbezogen werden. Bei der Sensitivity-

Analyse (ab Zeile 430 im Gesamtplan) variieren die Werte mit 40% nach oben und unten. Die Simulation (ab Zeile 468) untersucht die Auswirkung von Änderungen um einen Prozentpunkt.

a) Information bewirkt das Nachlassen von Unbestimmtheit. Oder die Beseitigung einer Ungewissheit. Schriftliche, mündliche Auskunft – vielleicht die Verwendung von vereinbarten Zeichen – helfen weiter. Die Klarheit der Beurteilung von Gegenständen und Erscheinungen wächst. Menschliche Neugier wird befriedigt. Vieles liegt für uns Menschen aber im Dunkeln. Besonders zukünftige Ereignisse. Ein triviales Beispiel: Man erwartet einen normalen Winter. Kraftfahrzeuge werden mit Winterreifen und Kühlflüssigkeit ausgestattet. Weitere Entscheidungen beruhen auf der Erwartung üblicher klimatischer Verhältnisse. Aber hier treten mitunter überraschende Wendungen ein. So der sehr milde Winter 2006/2007 in Deutschland. Die Konsequenzen waren in vieler Hinsicht schwerwiegend.
Dies fällt besonders ins Gewicht bei persönlichen Fragen. Wie ist mein körperlicher und seelischer Zustand? In normalen und extremen Situationen?
Sokrates galt als besonders weise. Er soll gesagt haben: „Ich weiß, dass ich nichts weiß."
Ähnliche Gedanken finden wir in Goethes Faust: „Und sehe, daß wir nicht wissen können."
Oder: „Hier steh´ ich nun ich armer Thor und bin so klug als wie zuvor." Cusanus nennt diese Erkenntnis „gelehrtes Nichtwissen" („De docta ignorantia").
Es fehlen oft Informationen über Bedingungen. Im Gesamtplan widmen sich dieser Frage besonders die Teile zur angemessenen Verrechnung von Gemeinkosten: Arbeits-, Maschinen- und Prozesskosten (ab Zeile 550). Letztlich liefern diese Verfahren nur grobe Annäherungen. Wie könnte man Werbung für ein Unternehmen einem einzelnen Produkt zuordnen? Oder die Weiterbildung von Mitarbeitern? Oder Forschungsbemühungen, deren Ausgang ungewiss ist?

b) Falsche Informationen über Bedingungen stiften mitunter Verwirrung. Hochbezahlte Experten arbeiten daran, Fakten zu verdrehen. Ob Klimawandel, Meinungsbilder zu Produkten oder Rechtfertigung von Kriegen – stets geht es darum, die öffentliche Meinung und den Markt zu beeinflussen. Die Medien als vierte Gewalt verlieren an Gewicht. Sie sollten eigentlich Propaganda aufspüren und entlarven. Statt dessen werden sie oft von bestimmten Interessengruppen für ihre Ziele benutzt. Beispielsweise durch beschönigende Ausdrücke. „Saubere Namen für dreckige Zwecke" hieß ein Artikel hierzu im Spiegel (Mai 2007).
So ist das Bild der Realität mangelhaft. Statistiken mit ihren Daten liefern mitunter falsche Einsichten und Deutungen. Auch Interessen der Konkurrenz beeinflussen die Nachrichten in den Medien. Es entsteht ein Defizit an Information.
Wir werden unangemessen informiert – hinsichtlich der
- Auswahl (nebensächliche Tagesthemen werden in den Medien hochstilisiert :„Ganz Deutschland diskutiert."),
- Genauigkeit und
- Wahrheit.

c) Wir nehmen falsch wahr (fünf Sinne – besonders Sicht/Gehör/Gefühl – wie beim Unglück von Los Rodeos!) Vielleicht will man die Realität nicht angemessen erfassen und interpretieren. Der Aspekt der Selbsttäuschung gehört dazu – bis hin zur Lebenslüge. Interne und externe Faktoren werden in ihrer Wirkung falsch gewichtet. So geben die Hoteliers in Gebieten

des Fremdenverkehrs die Schuld an schlechter Auslastung anderen. Sie leiden unter ungünstiger Situation hinsichtlich ihrer Gewinnschwelle (hierzu im Gesamtplan Zelle C312).
Auf das Wetter wird geschimpft. Oder die Umweltschäden und die Untätigkeit der Politiker.
Letztere mahnen hingegen Verbesserungen der Faktoren an, die im eigenen Einflussbereich liegen: Beispielsweise bessere Qualität des angebotenen Produkts (besonders mehr Freundlichkeit und Umsicht), angemessenere Preispolitik und effizientere Publicity.

d) Als schädlich erweist sich auch das „Halbwissen". Man kennt einen Sachverhalt nur unvollständig. Die resultierenden Schlussfolgerungen können in die Irre führen.
Mitunter tritt ein Zustand ein, der charakterisiert wird als „overnewsed but underinformed" (von Neuem zugeschüttet aber unterinformiert).

Insofern ist es nützlich, Excel-Zellen des Gesamtplans bis zum Bilanzplan für besondere Auswertungen (ab Zeile 290) zusammenzufassen.

Trotz einer vorläufigen Ungenauigkeit der Aussagen kann ein Weg fruchtbar sein. Die eingeschränkte Präzision bei der Definition der Termini wird durch die Nobelpreisträger Werner Heisenberg und Niels Bohr veranschaulicht:
Eine Begebenheit steht in Zusammenhang mit der Unschärfe in der Wissenschaft. Die beiden Physiker waren oft auf Almhütten. Es gab dort weder Strom noch fließendes Wasser. Sie mussten Schnee schmelzen, um ihr Geschirr zu spülen. Bohr war hierfür an der Reihe. Er sagte dann zu Heisenberg: „Schauen Sie doch bitte mal her. Ich habe hier ganz schmutziges Wasser und ganz schmutzige Teller. Ich tue diese Teller in dieses schmutzige Wasser rein und die Teller werden sauber! Ist das nicht komisch? Das ist doch genauso wie bei uns mit den Theorien. Wir haben ganz ungenaue Experimente, wir haben ganz unscharfe Begriffe, und doch kommen dabei am Schluss immer schöne Theorien heraus." (Heisenberg: Der Teil und das Ganze)

Aus der verwendeten Sprache ergeben sich Herausforderungen verschiedener Ursachen: unklare Begriffe, und eine in ihrem Anwendungsbereich in unbekannter Weise eingeschränkte Logik.
Die Klarheit bei unserem Verständnis der Natur hängt davon ab.
An Arten von Begriffen lassen sich unterscheiden:
-   qualitative ("reich"),
-   komparative ("reicher als X") und
-   quantitative ("1 Mrd. €").

In der Bundesliga des Fußballs hieße dies:
Gut abschneiden, besser sein als der Verein des Nachbarortes oder Platz 5 (UEFA-Cup) erreichen.
Auf Interdependenzen wurde schon eingegangen.

Frage: Was beeinflusst mich?
„Das System ist mehr als die Summe seiner Elemente."
Wirtschaftliche Zwänge entstehen durch die Fertigungstiefe der Hersteller. Beispielsweise ein Beschränkung beim eigentlichen Auftragnehmer auf die Fertigung von Kern-Elementen.
Oder auch Einbeziehung der Endmontage oder auch Marketing/ Forschung/Entwicklung.

Beispiel:
In der Automobilindustrie werden viele Arbeitsprozesse ausgelagert. Als Aufgaben des Fahrzeugherstellers bleiben: Forschung und Entwicklung, Konstruktion und die Produktion von Kern-Elementen (wie Karosserie oder Motor). Teile, wie Dämpfer oder Räder, werden dagegen von Unterlieferanten beschafft, die dann in der Regel auch für deren Entwicklung und Konstruktion verantwortlich sind.

Günstig ist, wenn sich das Controlling nur mit einer überschaubaren Zahl von Produkten auseinander setzen muss. Die Analyse hier beschränkt sich auf ALPHA, BETA und GAMMA.

Bei der Integration unterschiedlicher Teile zu einem kompletten System entsteht eine besondere Herausforderung. Nicht die Konstrukteure verschiedener Abteilungen, sondern verschiedener Unternehmen müssen die Schnittstellen abstimmen.
Es verschärfen sich Fragen beispielsweise der Kommunikation oder von Betriebsgeheimnissen.

Dies kann dazu führen, dass der Mitarbeiter (Controller / Konstrukteur) nicht über ausreichende Informationen verfügt - über die
a) Stellung des Elements
       (Bezugs- oder Einsatzbedingungen) oder
b) die Systemintegration.
Nicht alle relevanten Eigenschaften der Elemente sind bekannt.
Es ist also oft nicht mehr möglich, bei hochkomplexen Systemen alle Abweichungsarten
-    zu identifizieren und
-    zu vermeiden.

4.2   Entscheidung

Die Analysephase ist nur ein Schritt von mehreren Planungsstufen. Bezogen auf Risiken gilt plakativ formuliert: „Gefahr erkannt – Gefahr gebannt." Nur eine realitätsnahe Erfassung der Lage ermöglicht es, bestehende Probleme zu lösen und eine Situation zu verbessern. Auf ihr basieren entsprechende Entscheidungen.

Gegenwartsorientierung und Konzentration auf den Augenblick sind oft entscheidend:
Mitunter erfordern die Umstände auch die Fähigkeit, etwas Vergangenes abzuschließen und zu akzeptieren ("capacity to close"). Dies räumt nicht aus, Verantwortung für eigene Fehler zu übernehmen, Schuld möglichst zu begleichen. Dann aber sind Tagesaufgaben mit Schwung anzupacken. Dies gilt für Individuen und Gruppen. Ein Jahresabschluss muss zu einem bestimmten Zeitpunkt erstellt sein. Schwebende Leistungen sind adäquat darzustellen. Im Gesamtplan wird beispielsweise in der Materialrechnung für die Zellen B34 bis C38 das Niederstwertprinzip angewandt. Da die Preise an dieser Stelle gefallen sind, müssen die Bestände mit den höheren Wertansätzen zuerst über die Erfolgsrechnung ausgebucht werden. Folglich erscheinen in der Bilanz die niedrigen Preise.

Nicht nur für das Privatleben empfahl Horaz: "Pflücke den Tag". Er gab damit den Rat, den Tag zu nutzen. Und dies im Sinne einer Konzentration auf gerade anstehende Aufgaben ("Carpe diem").
„Der Weg ist das Ziel" (Laotse). Sich an der Reise erfreuen! Nicht ständig die Instrumente stimmen und nie das Konzert erleben! Wie eine Situation ist auch die jeweilige Entscheidung determiniert im Hier und Jetzt.

Der Prozeß der Abstraktion ist gedankliches Herausziehen von Merkmalen. Es wird etwas weggeschleppt – wie bei einem Schlepper oder Traktor. Es geht um das Weglassen von Aspekten - etwa von Farbe oder eines Attributes der Form. Eine Formalisierung oder eine Verallgemeinerung findet statt. Sie dient der Vereinfachung - aber auch des Vergleichens von verschiedenen Dingen.

Beispiele:
   a. Ein Foto aus dem Weltraum von Google-Earth ist zunächst für den noch Unkundigen oft unübersichtlich. Eine Landkarte vom gleichen Gebiet kann bessere Orientierung liefern. Besonders wenn sie abstrahiert. Beispielsweise ein schematisierter Streckenplan der Bahn. Wenige Striche und Punkte verbessern den Überblick.
   b. „Säugetier" ist allgemeiner als „Vierbeiner". „Hund" wiederum ist abstrakter als „Dackel". Weggelassen wird das Kleinsein und die Kurzbeinigkeit des Dackels.
   c. Die Zusammenfassung im Controlling erfordert das Weglassen von Details. Diese Verdichtung von Daten erhöht oft die Anschaulichkeit. Erst sie ermöglicht Analysen und Vergleiche.

Sinnvolles Entscheiden ist nur möglich mit Blick auf wenige Elemente. Es kommt auf eine vernünftige Abstraktion an.
Die Reduktion der Komplexität durch Verdichtung und darauf basierende Klassenbildung schaffen Überblick. Die so entstehende Typologie ermöglicht eine Theoriebildung. Sie erleichtert aber auch das Entscheiden. In den USA spricht man hier vom Prinzip des Kiss (keep it short and simple). Die sich zunächst ergebende Unschärfe ist nicht ein Mangel. Statt dessen kann die Unschärfe die Leistungsfähigkeit steigern. Vielleicht dient sie sogar als Krücke, die eine Beziehungsstruktur erfassen hilft.

Mitunter werden aus der mehr oder weniger bewussten Analyse einer Situation heraus Wege eingeschlagen. Ziele sind vielleicht längst ausdrücklich definiert worden. Sie stecken mitunter auch in bestimmten Denkmustern und Handlungsmaximen. Spontanes Handeln „aus dem Bauch heraus" kann für einen kurzen Zeitraum sinnvoll sein. Wenn es um längerfristig wirksames Handeln geht, ist ein explizites Entscheiden über Ziele unerlässlich.

4.2.1   Wohin will ich (Ziele)?

Was ist wichtig für mich? Was hat hohen Stellenwert? Bevor ein Ziel ins Auge gefasst wird, sollte man es eingehend prüfen. Einige Fragen ergeben sich: Lohnt es sich? Ist es vertretbar? Besteht Aussicht auf Erfolg?

„Wir leben in einer Zeit vollkommener Mittel und verworrener Ziele." (Einstein) „Wenn der Geist kein Ziel hat, auf das er zusteuert, dann fallen alle möglichen Gedanken auf ihn ein." (Grün 1983, 13) Wir lassen uns dann zu sehr von außen beeinflussen und uns die innere Ruhe rauben. Erst durch Ziele bekommt unser Leben eine Richtung. Wir können leichter entscheiden, was für uns hier und jetzt Vorrang hat.

Andererseits leben viele ganz bewusst, ohne stets konkrete Ziele im Auge zu haben. Das mag mitunter sinnvoll sein. Vieles liegt in der Zukunft zu sehr im Dunkeln. Die entscheidenden Sinnthemen bleiben geheimnisvoll. Sie lassen Raum für offene Fragen. Sie entziehen sich unserer Kenntnis aber auch unserer Beeinflussung.

Es erweist sich als nützlich, darüber zu wachen, womit unser Geist sich beschäftigt. Was von außen geboten wird, ist „...so vielfältig und verschieden, dass es ihn (den Geist) nicht zu sich selber kommen lässt, sondern ihn zerstreut und innerlich zerreißt. Er hat keinen Punkt mehr, von dem aus er die äußeren Einflüsse sichtet und beurteilt...." (Grün 1983 S. 13).

Wofür widme ich meine Zeit?   Das unter „4.2.2.1 Prioritäten" angeführte Krug-Beispiel könnte auch hier stehen.

Eine etymologische Betrachtung erhellt den Sachverhalt. Bei der Wortentstehung geht es um eine Ziel-Scheibe: Im Zentrum war früher eine Zwecke, um sie beim Schießen zu treffen. Einen Zweck zu verfolgen, erfordert Konzentration. Im Zen-Buddhismus kommt dem Training mit Pfeil und Bogen Bedeutung zu.

Es werden strategische (langfristig zu erreichende) und operative (kurzfristige) Ziele unterschieden.
Das Erreichen eines bestimmten Zustandes. Der Aufbau eines moderneren Betriebsgebäudes. Der Erwerb eines akademischen Titels. Die Erarbeitung einer Problemlösung. Neue Ist-Zustände bilden die Basis zum Betreiben des Tagesgeschäftes.

Es gibt aber im Gesamtplan Parameter, die es ständig zu erzielen gilt. Absolute Werte für Absatzmengen, Verkaufspreise und damit Umsätze (Zeilen 3 bis 5) seien beispielhaft genannt. Aber auch die sich ergebenden relativen Größen dürfen immer wieder einen bestimmten Bereich nicht verlassen. Beim ROI (Zelle I516) hängt die Zielgröße auch vom jeweiligen Zinsniveau auf dem Markt ab.

Endziele und auch die zuvor angepeilten Etappen (Vorziele) sind so zu formulieren, dass deren Erreichen nachprüfbar wird. Eine entsprechende Konkretisierung gelingt im Unterrichtswesen durch die Angabe eines am Ende zu beherrschenden Verhaltens (Endverhalten). Im betrieblichen Zusammenhang stehen Zahlen als zu erzielende Richtwerte zur Verfügung. Hierfür kommen im Prinzip die meisten Inhalte der Zellen des Gesamtplans in Frage. Täglich können wir beispielsweise überprüfen, ob unsere Ausgangsrechnungen in annehmbarer Relation zum Umsatzziel stehen. Gleiches gilt für Kosten- und Ausgabegrößen.

Derartige Vorziele sollten durch viele exakte Wegpunkte (waypoints) definiert werden. Aus ihnen ergibt sich der zu gehende Weg und die Landkarte (roadmap).

Oft scheint das Ziel völlig klar zu sein. Als Folge ergibt sich ein Unterlassen nötiger Denkanstrengungen. Der Aufenthalt in südlichen Ländern zeigt andererseits auch, wie im Privatleben mitunter die Lebensqualität dadurch zunimmt.

Für rationales Vorgehen empfiehlt sich bezogen auf Entscheidungen und die vorgelagerten Schritte ein schriftliches Fixieren derselben, Gedankenaustausch und unter Umständen auch ein Veröffentlichen.

Bei sehr allgemeinen Zielen, den Leitbildern eines Unternehmens oder einer Sozialeinrichtung, mag das Publizieren gelegentlich das Ansehen bei Unkundigen verbessern. Theoretischen oder gar echten praktischen Nutzen stiften diese Leerformeln nicht.

In Pflegeheimen werden allerdings Tabus als Orientierungen verschwiegen. „Satt – sauber – still" ersetzt man in den Leitbildern durch wohlklingende Formulierungen. Ziele wie Kostensenkung, Kapazitätsauslastung, Machtausbau oder Freizeitzuwachs würde auch kaum jemand offen nennen.

Auch folgende Meinung trifft man an: „Was dir auch begegnet, es war dir von Ewigkeit her so vorherbestimmt, und die Verkettung der Ursachen hat von Anbeginn an dein Dasein und dies dein Geschick miteinander verknüpft." (Marc Aurel) Was wäre die Folge einer derartigen Sicht? Man bräuchte sich nicht um die Auswahl von Zielen zu bemühen. Gerade im Betrieb erweisen sich Ziele in vielfacher Hinsicht als nützlich.

Implikationszusammenhänge können auch hier nicht vernachlässigt werden. Allgemein bedarf es folgender Festlegungen und die Beantwortung dieser Fragen:
a. Welche Elemente müssen berücksichtigt werden?
b. Wie ist die Beschaffenheit der Elemente (und zwar qualitativ – komparativ – quantitativ)?
c. Welche Position nehmen diese Elemente ein?
d. Welche Bezüge der Elemente zueinander sind zu berücksichtigen? (Verknüpfungsregeln – Formeln)

Im Gesamtplan spielen alle vier Aspekte eine entscheidende Rolle.
Wird ein wichtiges Element nicht einbezogen, kann die Planrealisierung daran scheitern. Immer wieder kommt es vor, dass ein Faktor übersehen wird. Sich ergebende Pannen weren in Betrieben oft verschwiegen.

In der Politik kommt durch aktive Journalisten ständig ein Misserfolg ans Tageslicht. Auch im Privatleben wird man öfters Überraschungen erleben, weil man bei der Einschätzung der relevanten Elemente und deren Zusammenspiel etwas übersehen hat.
Andererseits bringt gerade das Abweichen der Ergebnisse von den Soll-Daten wertvolle Erfahrungen.

4.2.2   Welchen Weg gehe ich? (Intervention -Therapie)

Die bisherigen Überlegungen lassen sich verallgemeinern. Sie gelten für viele Bereiche. Wege zum Ziel („Methoden") hingegen hängen vom Einsatzgebiet ab. Immer geht es darum, was wir tun, dulden oder unterlassen.

Gleichgewicht als Richtgröße gilt für viele Bereiche. Technische Geräte verfügen regelmäßig über bewegliche Teile. Unwucht mit unerwünschten Vibrationen darf oft nicht auftreten. Bei Flugmodellen leisten Waagen für Rotorblätter und Propeller nützliche Dienste.

Im Wirtschaftsbetrieb kommt es häufig auf Gleichgewicht an. Sie finden oft ihren Ausdruck in entsprechenden Übereinstimmungen:

  a. bilanziell (balanza = Waage – in der Exceltabelle des Gesamtplans Zeile 287: Aktiva = Passiva),
  b. liquiditätsbezogen (Externes Rechnungswesen – nach Schritt 76 – Gleichheit der beiden Seiten des T-Kontos)
  c. ertragswirtschaftlich (beispielsweise: GKV Zelle B256 = UKV E272)
  d. abschreibungstechnisch (beispielsweise: Zelle D236 = B78)
  e. materialwirtschaftlich (Zellen E187 = F187)
  f. betriebsabrechnungstechnisch (KER – Zellen D396 = D408 bzw. D427 = D428)
  g. eliminationsbezogen (Zellen E564 = E582 = E598).

Verbessert wird die Verwaltung der Ressourcen. Diesem Aspekt dient der hier schwerpunktmäßig dargestellte materialwirtschaftliche Teil. Ein Hauptanliegen besteht in der Verringerung der Kapitalbindung.

Unzählige weitere Beispiele – und damit Möglichkeiten zur Kontrolle – ließen sich anführen. Bei der Darstellung des Gesamtplans finden sich entsprechende Hinweise. Zur Bestimmung des richtigen Weges seien noch einige Prinzipien genannt.

4.2.2.1   Prioritäten
Allgemeine Bedeutung kommt der Gewichtung unserer Bemühungen zu. Was hat jeweils Vorrang? Was gilt es jetzt zu tun? Wie man sinnvollerweise mit Wichtigem umgeht, mag das folgende Krugbeispiel veranschaulichen:
Eines Tages hält ein Experte für Zeitmanagement einen Vortrag vor Studenten. Er sagt: „Nun ein Rätsel."

Dann nimmt er einen leeren Fünf-Liter-Wasserkrug mit einer großen Öffnung und stellt ihn auf den Tisch vor sich. Dann legt er etwa zwölf Steine von der Größe eines Tennisballs vorsichtig einzeln in den Krug. Als er den Behälter mit den Steinen bis oben gefüllt hat und kein Platz mehr für einen weiteren Stein ist, fragt er: „Ist der Krug jetzt voll?". Alle sagen: „Ja!"
Er fragt: „Wirklich?" Aus einem Eimer holt er Kieselsteine. Einige davon kippt er in den und schüttelt diesen so, dass die Kieselsteine die Lücken zwischen den Steinen füllen. Er fragt: „Ist der Krug nun voll?" Jetzt hat die Gruppe ihn verstanden. Einer antwortet: „Wahrscheinlich nicht!"

„Gut" entgegnet er. Auf den Tisch bringt er nun einen Eimer mit Sand. Diesen lässt er in den Krug rieseln. Der Sand sucht den Weg in die Lücken zwischen den großen Steinen und den Kieselsteinen. Anschließend fragt er: „Ist der Krug jetzt voll? » „Nein!" rufen die Studenten. Wieder sagt er: „Gut!" Dann nimmt er einen mit Wasser gefüllten Krug und gießt das Wasser in den anderen Krug bis zum Rand. Nun fragt er: „Was ist der Sinn meiner Vorführung?" Ein Student hebt die Hand und sagt: „Es bedeutet, dass egal, wie voll auch der Terminkalender sein mag. Wenn man es wirklich versucht, kann man noch einen Termin dazwischen schieben". „Nein" , antwortet der Dozent, „das ist nicht der Punkt. Die Moral der Vorführung soll sein: Wenn man nicht zuerst mit den großen Steinen den Krug füllt, kann man sie später nicht mehr hinein setzen. Was sind die großen Steine in Eurem Leben? Beispielsweise die Angehörigen, Freunde, eure Träume, Dinge zu tun, die von echter Bedeutung sind, Zeit für sich selbst? Es gilt, daran zu denken, diese großen Steine - wichtige Dinge - zuerst im Tagesablauf unterzubringen.

Man sollte vermeiden, sich zu „verzetteln". Denn unsere Zeit wird oft von so vielen Nebensächlichkeiten in Anspruch genommen. Diese drängen sich häufig unerbittlich auf und lenken unsere Aufmerksamkeit ab von wirklich Wichtigem. Damit mindert man Effizienzverluste, die bis zur Wirkungslosigkeit gehen können. Statt dessen gilt es, die richtigen Prioritäten zu setzen. Nötig ist eine Gewichtung von Werten. Oft bringt erst die Konzentration auf das jeweils Wesentliche die nötige Transparenz. Dies zeigen die stark vereinfachten Landkarten in öffentlichen Verkehrsmitteln. (Vgl. vorn) Erst die Abstraktion und die Beschränkung auf wenige Elemente erlauben einen Überblick.

4.2.2.2   Ordnung

Das Wort "Ordnung" steht für viele Begriffe. Es ruft sehr unterschiedliche Vorstellungen auf. Ein vieldeutig und oft verwendeter Ausdruck! Einer, über dessen Bedeutung große Uneinigkeit herrscht. Damit wird aber auch viel Verwirrung gestiftet. Ordnung kann meinen:

- Struktur
- Gesetz, Gesetzmäßigkeit
- Organisation
- Übereinkunft - aber auch
- Gleichförmigkeit
- Unfreiheit
- Unterordnung
- Lebensfeindlichkeit.

Ordnung aus der Sicht der Physik
Denkt man physikalisch, kann man Ordnung als das Gegenteil von Entropie auffassen. (Wobei es hier nicht auf eine saubere Definition ankommt. Über diese hat sich Schrödinger mit den Thermodynamikern gestritten.) Dann wäre Ordnung die Basis des Lebens. Denn das Leben braucht Struktur und Gesetze.

"Im Anfang war das Wort (logos)", heißt es zu Beginn des Johannes-Evangeliums. "Göttlich war das Wort. Alles ward durch dasselbe. In ihm war das Leben, und das Leben ist das Licht des Menschen."

Am Anfang war Gedanke, Information, Gesetz, Struktur. Abweichung von Normen könnte man dann als Entropie auffassen. Im Vordergrund steht der Zerfall von Strukturen. Anwachsende Entropie bedeutet vermehrte Gleichförmigkeit: das Auslöschen von Strukturen.
Man kann es aber auch genau umgekehrt sehen: Erst das Chaos macht die Welt möglich. Nur so wird sie lebendig.

Der Makrokosmos, die Welt der Sterne und Spiralnebel, ist im Vergleich zu unserer Welt arm an Struktur. Diese Sicht basiert wesentlich auf der nordisch geprägten Vorstellungen. Hat man ihn sich angesehen, dann hat man Entscheidendes gesehen. Das hat zwei Gründe: das unipolare Kraftgesetz und das Fehlen quantenmechanischer Effekte.

Manche deuten dies so: Gott hat an zwei Punkten in die strenge Gesetzmäßigkeit der Welt eingegriffen und chaotische Elemente eingeführt:
 (1) mit der Unschärferelation der Quantenmechanik und
 (2) mit der sexuellen Vermehrung der Lebewesen.

Die Unschärferelation sorgt in den ersten Sekunden des Kosmos dafür, daß überhaupt eine Strukturierung stattfindet. So konnten sich Spiralnebel und Sterne bilden. Und später werden in Midgard, im mittleren Kosmos, hochkomplizierte Strukturen möglich. Das biologische Leben braucht sie als Informationsträger und das bewußte Leben als lebenswerte Umwelt.
Die Unschärferelation macht die Atome hart und vielgestaltig und liefert so hundert verschiedenartige Bausteine. Gäbe es sie nicht, dann würden sich die Atome wie Planetensysteme verhalten. Der Schöpfer wäre in der Lage eines Architekten, der aus Sand eine Kathedrale bauen will. Das Chaos ist also die Ursache für Struktur und Ordnung.

Der zweite Eingriff des Schöpfers zur Unterbrechung der strengen Gesetzmäßigkeit mittels chaotischer Vorgänge ist die generative Vermehrung. Sie wird von vielen als genauso folgenreich angesehen. Ohne sie gäbe es sechs Milliarden Zwillinge auf der Welt. Sechs Milliarden Männer, die alle genauso aussehen, die alle dasselbe denken, sagen und tun. Eine grauenhafte Vorstellung!

Ordnungsstrukturen in der Praxis
Ohne Ordnungsstrukturen werden wir aber oft nicht den angemessenen Weg finden. Hier mag der Aufbau und die Arbeitsweise von Computern als Beispiel dienen. Zahlen bilden in der digitalen Darstellung der Datenverarbeitung die Basis. So sind Funktionen wie Sortieren, Editieren von Texten, Bearbeiten grafischer Objekte, Suchen oder Aufbau von Strukturen grundlegend. Oft spielt die Baumstruktur eine Rolle. Das Schaffen von Ordnung ist hier unverzichtbar.

Die dabei zu schaffende äußere Ordnung fördert bei Menschen die Gestaltung innerer Ordnung. Und diese wirkt sich günstig auf sachliche und menschliche Beziehungen im privaten und beruflichen Leben aus. Das Leben wird einfacher und die Fähigkeit wächst, Entscheidungen zu treffen, die auch kritischer Beurteilung nach Jahren standhalten. Ordnung bildet die rationale oder gewohnheitsmäßige Berechnungsgrundlage für Prognosen.

„Freiheit bedarf der Ordnung und Ordnung bedeutet Einschränkung der Freiheit." (Maurice J. Vile)

„Der Kernpunkt der Situation ist doch der, dass eine Gesellschaft nicht nur Freiheit, sondern auch Ordnung braucht. Es gibt ohne persönliche Pflichten keine Persönlichkeitsrechte. Die persönlichen Interessen sind im Endeffekt nicht realisierbar, wenn man die Allgemeininteressen des Volkes, der Nation und des Staates ignoriert". (Anatolij Frenkin)

Was aber kann man als Gegenbegriff ansehen? Wohl „Unordnung". Viele denken nun an Unruhe, Hektik, komplizierte Verhältnisse und irrationale Handlungen. Beispielsweise Impulskäufe in der aufwühlenden Atmosphäre eines Basars. Ordnung fördert die Erreichung des Ziels, die „innere Mitte" zu finden. Das Glück, das wir alle suchen, findet man nur, wenn man bei sich selbst ist. Dies beinhaltet, nicht zu oft nach falsch abgelegten Papieren oder sonstigen Dingen suchen zu müssen. Es kostet Zeit und Nerven. Ein wohl geordnetes System fördert die Effizienz durch Konzentration, Sammlung und Transparenz.

Ordnung und Denken
Die Menschen sind verschieden. Es gibt ordnungsliebende und chaotische. Beides hat seine Vor- und Nachteile. Das ist der Wille der Natur. Immer wieder begegnet man der Vermutung, übertriebene Ordnung schade der Kreativität. Es geht hier um die Fähigkeit, Neues zu schaffen. Eine originelle Schöpfung soll entstehen. Alte Denkmuster und überkommene Strukturen gilt es dafür aufzugeben. Nur so gedeihen neue Gedanken. Insofern ist ein tabellarischer Gesamtplan ständig an den Erfordernissen der Realität zu messen. Was steht zur Anpassung an? Einzufügen sind neue Spalten und Zeilen. Nicht mehr zeitgemäße Zellen entfallen. Eine derartige Struktur kann dem nötigen Wandel im Weg stehen.

Nicht Leistungen herkömmlicher Intelligenztests sind gefragt. Menschen mit hoher meßbarer Intelligenz verfügen über die Fähigkeit des konvergenten Denkens. Sie bearbeiten eine Aufgabe zielgerichtet und linear. Auf einen bestimmten Punkt läuft die Bemühung hin (Konvergenz). Logisch aufeinander aufbauende Schritte sind vorherrschend. Ordnungsstrukturen kennzeichnen den Ablauf. Bei vielen, durchaus auch anspruchsvollen Berufen steht dieses Denken im Vordergrund. Nur so wird es möglich, dass bewährte Systeme funktionieren.
Zu jeder Aufgabe gibt es einen vorkonfektionierten Lösungsweg. Ihn gilt es zu beschreiten: Ohne viele Überlegungen, präzise, auch unter belastenden Bedingungen.
Anders verläuft divergentes Denken. Hier wird bewährtes Vorgehen hinterfragt. Es wird oft veranschaulicht durch eine Flüssigkeit. Sie verteilt sich in verschiedene Richtungen. Sie läuft auseinander (Divergenz). Auch eine Gießkanne, aus der Wasser fließt, ist ein nützlicher Vergleich. Das divergente Denken beinhaltet zweierlei: Durch Spontaneität Ideen hervorzubringen und nicht auf einen bestimmten Punkt hinzudenken. Bisherige Bahnen werden verlassen. Ungewöhnliche Einfälle sind das Ergebnis. Dem Psychologen J. G. Guilford wird diese Sichtweise zugeschrieben. Von ihm stammt der Ruf nach mehr Kreativitätsforschung und einer „scientific community" (1950).

Ordnungsliebende Menschen neigen mitunter dazu, anderen ihren Arbeitsstil als verbindlich vorzuschreiben. Man kann hier von den modernen Programmiermethoden lernen. Objektorientierte Programmierung bedeutet, die Verantwortung zu delegieren. Jedes Objekt stellt ein Teilprogramm dar. Es trägt die Verantwortung für seinen Bereich. Mit den anderen Objekten kommuniziert es über vereinbarte Schnittstellen. Diese legen fest, welche Leistung es auf eine bestimmte Anforderung zu liefern hat. Was es dabei realisiert und wie es das verwirklicht, ist seine Sache.

Man hat diese Art der Programmierung der Natur abgeschaut. Erkannt hatte man, dass Programme im alten Stil, ab einer bestimmten Größe sich nicht mehr warten ließen. Seiteneffekte waren die Ursache dafür. Jede Änderung führte zu Fehlern an irgendwelchen anderen Stellen. Und die Fehlerkorrekturen verursachten weitere Folgefehler. Man könnte auch annehmen, dass der Zusammenbruch der sozialistischen Planwirtschaft eine ähnliche Ursache hatte.

Flugzeuge, Computer, Autos – alle technischen Geräte, Maschinen und Bau- oder Organisationspläne sowie Programme folgen strikt geordneten Regeln. Zertifizierungsmethoden wie ISO 9000 perfektionieren dieses Prinzip. Es gibt, Wirtschafts-, Währungs-, und Rechtsordnungen. „Die Grundordnung ist eine wertgebundene Ordnung." (BVerfGE §2, 12)
Benedikt von Nursia (547V) schuf eine Ordnung für kleine Gemeinschaften von Mönchen (Orden). Seine „Regula" und die konkreten Ausprägungen wurden beispielgebend für Europa.

Die Verkehrsordnungen weichen weltweit nur unwesentlich voneinander ab. Bei Ampeln hat grün-gelb-rot wohl überall die gleiche Bedeutung. Ähnliches gilt für die Beschilderung im Straßenverkehr.

Es gibt also Ordnungen in räumlicher, zeitlicher und organisatorischer Hinsicht, Ausbildungsordnungen nicht nur für Busfahrer, Piloten oder Chirurgen.

Als Hindernisse für Ordnung erweist sich die Existenz zu vieler Elemente wie Dinge, Gedanken oder Normen. Einfache Strukturen erweisen sich auch hier als nützlich. Bücher zur „Simplifizierung" verschiedener Lebensbereiche sind gefragt.
„Halte Ordnung und die Ordnung hält dich." Die Tabellenstruktur kommt diesem Grundsatz in besonderer Weise entgegen. Der Gesamtplan soll durch die Visualisierung einen Überblick über Produktionsprozess, Maschinen, Personal und Ressourcen geben. Dies hilft bei Abweichungen vom vorgesehenen Pfad entsprechend zu entscheiden und die Aufträge einplanen zu können.

Die Entscheidung für ein bestimmtes Ziel legt mitunter auch das Vorgehen und den Mitteleinsatz fest. Ein Beispiel aus der Geschichte mag dies belegen – hier das Gedankengut zu Zeiten der Nazis: "Heute gehört uns Deutschland und morgen die ganze Welt". Dies beinhaltet Absichten. Derartige Expansionsgelüste waren ohne verbrecherischen Angriffskrieg nicht denkbar. Die Bestimmung des Wegs zum Ziel ist – auch von der Wortbedeutung her – die Wahl der Methode.

Auch die Definition von Zwischenzielen (eigentlich unter 3.1) bei längerfristigen Prozessen bestimmt schon eine Route durch die erwähnte Auswahl von Wegpunkten.

Unabhängig von privaten oder beruflichen Entscheidungen hinsichtlich eines Weges gilt es
Irrwege einzuplanen:
   a.   Gabelungen, die plötzlich vor uns liegen,
   b.   Wegweiser (Sensoren), die fehlen oder falsche Informationen liefern,
   c.   Menschliche Schwächephasen, die unvorhergesehen auftreten (Krankheiten, Unfälle
        bei uns oder anderen),
   d.   Störfaktoren in der uns betreffenden Sach- und Mitwelt (Wetteranomalien, Kriege
        oder andere Hindernisse),
   e.   Erkenntnis, dass unser Deutungs- und Handlungsmodell Defizite aufweist.

Daraus resultiert Unsicherheit. Besonders wenn eine Auswahl unter zahlreichen Handlungs-
alternativen zu treffen ist. Beim Gesamtplan lassen sich aus den meisten Zellen einzelne zu
gehende Schritte ableiten. Die darauf basierenden Entscheidungen beziehen sich auf Elemente als Komponenten des Gesamtplans. Sie fungieren häufig als Faktoren für andere Größen.
Hier erweist sich die zu Beginn erwähnte „Formelverfolgung" mit ihren Pfeilen als erhel-
lend. Wenn von einer Zelle viele Nachfolgeparameter abhängen, sollte ihr ein Hauptaugen-
merk gelten. Statt einer grundlegenden und schlagartigen Neuorientierung sind mitunter auch
regelmäßige kleinere Korrekturen zielführend.

4.2.2.3   Positive Einstellung
In manchen Lebenssituationen beschleicht uns Mutlosigkeit. Negative Gedanken und Worte
wirken wie ein Gift. Sie ruinieren uns selbst und unsere Mitmenschen. Es erweist sich als
nützlich, positive Gedanken in uns aufzurufen. Man könnte sich einreden „ich schaffe das
nicht". Oder aber entgegengesetzter Weise „programmieren": „Das packe ich". Im zweiten
Fall lässt man sich nicht lähmen. Man gewinnt Zuversicht und Schwung.

Grün (1983) verweist hierzu auf die antirrhetische Methode. Die Bedeutungen im Griechi-
schen": „entgegenfließend, widersprechend, dialektisch". Ponticus (Evagrius) hat sie in seinem „Antirrheticon" entwickelt. Es gilt, sich selbst zu erziehen. Immer dann, wenn ein nega-
tiver Gedanke in den Sinn kommt, stellt man einen aufbauenden dagegen.
Eine innere Balance wird dadurch angestrebt. (Bilanzen als Ausdruck eines Gleichgewichts
kommen im Gesamtplan mehrfach vor.) Als nützlich erweist es sich, bei kritischen Situationen erst einmal zu schweigen. Man sollte das Bewusstsein zur Ruhe zu bringen. „Willensan-
strengungen, uns zu ändern, nützen nichts, wenn wir den negativen Gedanken in uns Raum
lassen" (Grün 1983 S. 11).

Es kommt darauf an, mit welchen Gedanken wir unser Bewusstsein fortwährend einstimmen.
Wir sollten entsprechende Gewohnheiten entwickeln. Nützlich ist auch eine gewisse Vor-
freude auf ein erfolgreiches Ende der Arbeit.

4.2.2.4   Achtsamkeit
Thich Nhat Hanh, der vietnamesische Mönch und Poet, gilt als einer der bedeutendsten Me-
ditationsmeister unserer Zeit. Er beurteilt die Achtsamkeit (mindfulness) als wichtigste Methode, um zum Wesentlichen zu gelangen und die entscheidende Veränderung zu bewirken.
1995 widmete die US-Regierung Thich Nhat Hanh einen Tag der Achtsamkeit.

Mehrere Verrichtungen gleichzeitig auszuüben, erweist sich als belastend. Die Bedienung moderner Maschinen – wie ein Auto – erfordern dies zwar mitunter. Möglich wird Derartiges aber erst durch intensives Üben und entsprechendes Einschleifen von Abläufen.

Fehlende Achtsamkeit oder Fahrlässigkeit als Folge davon, dass man mit den Gedanken bei jeweils nur einer Verrichtung verharrt, führt in der Freizeit oder bei der Arbeit zu Unfällen – beispielsweise zu Personen-, Feuer- oder Wasserschäden. Je komplexer die technischen Systeme werden und je mehr die Umweltbelastung steigt, umso stärker gewinnt auch vorausschauende Achtsamkeit an Bedeutung. So soll die Erhöhung der Staumauer des künstlichen Sees am Sylvenstein zusammen mit richtigen Entscheidungen zu dessen Nutzung im Sommer 2002 eine gewaltige Überschwemmung im unteren Isartal verhindert haben.

Ob man eine Tätigkeit ausübt, warten oder nachdenken muss, gilt es auf eine ruhige, positive Stimmung zu achten. Wir können immer wieder einüben, eine Haltung der Sammlung und Besinnlichkeit zu entwickeln.

Freundlichkeit als Ausprägung der Nächstenliebe gegenüber anderen Menschen an Stelle des Ellenbogenprinzips verbessert unsere eigene Gemütsverfassung. Ein liebenswürdiges Verhalten ist nicht mit Schwäche zu verwechseln.

Am Beispiel einer einfachen Verrichtung kann man nach Thich unser Verhältnis zu Zeit und Achtsamkeit veranschaulichen: Wohl könne man Geschirr spülen mit der Intention, schnell Ordnung zu haben. Die Arbeit erscheint als Last. In Gedanken verweilen wir bei anderen Dingen. Anders verhält es sich, wenn wir Geschirr spülen und auch ganz in dieser Verrichtung aufgehen – ohne Hektik aber voll dem Augenblick zugewandt. Konzentriertes Arbeiten erhöht letztlich die Effizienz. Bewusste Annahme einfachster Tätigkeiten kann psychotherapeutische Effekte entfalten. Wir bewahren uns eine gewisse Bodenhaftung.

Die Excel-Zellen des Gesamtplans drücken auch diesen Aspekt nicht unmittelbar aus. Der Erfolg eines Unternehmens wird letztlich doch in den Zahlen zum Ausdruck kommen.

4.2.2.5   Korrektheit

Im Altertum gab es für Händler und Diebe den gleichen Gott (Hermes/Merkur). Luther schrieb zu Unehrlichkeit: „Die Schelmerei ist das weitest verbreitete Handwerk auf Erden, die größte Zunft: wenn man in die Welt schaut, durch alle Stände hindurch, dann kommt sie einem vor wie ein großer Stall voller Diebe."

Manche fragen, wozu denn Korrektheit dienen soll. Wenn eine Verhaltensweise so sehr in der Bibel oder anderen religiösen Schriften betont wird, erübrigt sich im Grunde eine derartige Überlegung. Vertrauen entsteht, wenn man von der Korrektheit und Verlässlichkeit anderer oder eines Systems überzeugt sein kann. Dies dient der Entlastung. Kosten sinken dadurch. Es bedeutet Befreiung für Wesentliches und damit Steigerung der Effizienz. Es wäre sehr bedrückend, wenn wir einem Arzt oder Piloten nicht vertrauen könnten. Fahren wir bei grün über eine Kreuzung, müssen wir uns auf andere verlassen können. Die Verkehrsteilnehmer, die auf ihrer Ampel „rot" sehen, müssen dieses Signal richtig deuten („Stopp") und danach handeln.

Bei vertrauensvollen Beziehungen - sei es im privaten oder beruflichen Leben - kann viel erreicht werden. Das Zusammenleben wird erleichtert. Gestörte Beziehungen aber verursachen eine endlose Kette von Missverständnissen, zusätzlichen Kosten und Reibereien aller Art.

Fast alle sportlichen Wettkämpfe, Gesellschaftsspiele, aber auch der Straßenverkehr und viele andere Bereiche des öffentlichen und privaten Lebens sind ohne die Einhaltung von Normen zum Scheitern verurteilt.

Im Hinblick auf eine „permissive Gesellschaft" (in der alles erlaubt sein soll) erscheint mir die folgende Geschichte typisch: Sagt ein LKW-Fahrer zu seinem neben ihm sitzenden Kollegen: „Schau mal das Schild an der Brücke ‚Durchfahrtshöhe 2,8' – wir haben doch drei Meter". Antwort: „Siehst du einen Polizisten? Fahr durch!"

Jeder Mensch hat seine eigene Hierarchie von Werten. Jede Sprach- und Denkgemeinschaft hat einen gemeinsamen Kern von Werten. Er ist beispielsweise bei Firmenangehörigen oder Volkszugehörigen durch einen Konsens entstanden und unterliegt einem ständigen Wandel. "Gewiss, neben der Gerechtigkeit ist auch der Gemeinnutz ein Ziel des Rechts. Gewiss, auch das Gesetz als solches, sogar das schlechte Gesetz, hat noch immer einen Wert - den Wert, das Recht Zweiflern gegenüber sicher zu stellen. Gewiss, menschliche Unvollkommenheit lässt im Gesetz nicht immer alle drei Werte des Rechts: Gemeinnutz, Rechtssicherheit und Gerechtigkeit, sich harmonisch vereinigen, und es bleibt dann nur übrig, abzuwägen, ob dem schlechten, dem schädlichen oder ungerechten Gesetze um der Rechtssicherheit willen dennoch Geltung zuzusprechen, oder um seiner Ungerechtigkeit oder Gemeinschädlichkeit willen die Geltung zu versagen sei." (Radbruch: Fünf Minuten)

Die Wesensmerkmale von Menschen innerhalb und außerhalb des Unternehmens sollten dennoch eine zentrale Rolle spielen. Umsatz steigern und Kosten senken ohne moralische Schranken führt zu Katastrophen. Erwärmung der Erdatmosphäre, Erdbebenopfer durch minderwertigen Beton beim Bau, Einsparungen im Transportwesen oder Rinder mit BSE seien als Beispiele genannt. Jeder einzelne in der Gesellschaft kann seinen Beitrag leisten. Immer wieder hat man zu entscheiden, ob man nur seinen eigenen Nutzen mehren will, ohne Rücksicht auf höhere Bindungen. Bei der Verantwortung für den Mitmenschen stößt man auf religiöse Dimensionen.

4.2.2.6   Disziplin
Zu Zeiten des Aristoteles und auch bei den Philosophen der Kyniker diente die Askese (Übung - griechisch „askesis") der übergeordneten Autarkeia im Sinne einer Unabhängigkeit von äußeren Umständen. Ziel war eine Stärkung des eigenen Selbst und des überlegten Reagierens. Dabei strebt die Übung nicht nur nach dem heute üblichen Verständnis einen völligen oder teilweisen Verzicht auf sinnliches Vergnügen an. Askese kann vielmehr beinhalten, „...die Lüste auf kalkulierte Weise zu gebrauchen". (Schmid S. 39) Gerade das Warten auf den Lustgewinn und durch eine zeitweilige Diziplinierung der Triebe bewirkt bei diesem Konzept letztlich sogar eine Vertiefung, Verlängerung und Vermehrung des Genusses.

Es gibt heute Menschen, die ein Auto kaum oder überhaupt nicht benutzen. Sie wollen einen kleinen Beitrag zur Schonung der Umwelt leisten. Öfters trifft man die Meinung an, nur durch ein allgemeines Umdenken im Sinne einer Selbstbeschränkung könne die hoch belastete Umwelt gerettet werden. Auch aus Solidarität mit den Armen ist der Wandel nötig.

In allen Kulturen gibt es die verschiedenen Formen von dauerhaftem oder zeitlich begrenztem Verzicht auf Annehmlichkeiten. Beispielsweise auf materielle Güter, Essen, Trinken, Schlaf, Vergnügungen aller Art oder auf Beziehungen zu anderen Menschen. Es kann sich auf dem Weg der inneren Sammlung und Selbstfindung als nützlich erweisen, auf Belastendes und Ablenkendes zu verzichten, das uns behindert. Dies gilt besonders für die Bekämpfung und Beherrschung von Suchterscheinungen. Askese kann dazu beitragen, ruhiger zu werden, Klarheit zu gewinnen und mehr Unabhängigkeit zu erlangen.

Im letzteren Sinne haben Mose und Buddha die Askese angewandt. Letzterer versteht Askese nicht als Selbstbestrafung. Sein Weg ist der „mittlere Weg". Er lehnt Extreme ab. Sie seien wertlos oder sogar schädlich für die Entwicklung des Menschen. Er verweist nachdrücklich auf die Vorteile, die seine Lebensweise für die Anhänger mit sich bringt. Und zwar nicht in einem jenseitigen Leben, sondern „unmittelbar sichtbar schon in diesem Dasein". (Buddha: Reden – Lohn der Büßerschaft)

„Das Christentum ist, anders als der auf die Auslöschung des Lebenstriebs ausgerichtete Buddhismus, keine asketische, sondern eine therapeutische Religion.„ (Biser 1994, S. 196) Es erweist sich dennoch als nützliche Übung, eine gewisse Selbstverleugnung zu üben. Dies so offen zu bekunden, entspricht in keiner Weise unserem Zeitgeist. Wenn wir immer unseren Gefühlen und Trieben freien Lauf lassen, steigern wir damit nicht unser Glück. Die Übung kann auch darin bestehen, Unangenehmes bewusst auf sich zu nehmen. Askese bekommt dann den Charakter einer mehr oder weniger gezielt sich auferlegten Selbst-Disziplinierung. Besonders in der sportlichen, wissenschaftlichen, kulturellen und wirtschaftlichen Welt lassen sich asketische Tendenzen durchaus feststellen. Sie dienen der körperlichen, seelischen und geistigen Ertüchtigung.

4.2.2.7   Realistisches Planen

In unserer facettenreichen Wirtschaftswelt kann auf das vorausschauende Ausarbeiten von möglichen Entwicklungsverläufen nicht verzichtet werden. Dies erfordert eine Bestimmung und Heraushebung der als erheblich anzusehenden Wirkgrößen – auch im Hinblick auf ausgewählte Verfahren und Mittel. Die Benutzung einer computergestützten Tabellenkalkulation fördert das schriftliche Dokumentieren. Sie erhöht die Verlässlichkeit des Bildes vom Betrieb für Planer und Betreiber. Ein Excel-Rechenblatt sichert die Planung formal und logisch durch Fakten und quantifizierte Aussagen ab. Es fördert die Beurteilung alternativer Planungen. Die wirtschaftliche Abstimmung des Produktionssystems lässt sich so unterstützen.

Der spätere kritische Vergleich von Erwartungen mit dem tatsächlich Eingetroffenen dürfte allerdings mitunter lehrreich sein. Er mahnt insbesondere zur Bescheidenheit beim Planen: Zur Einsicht in die Gültigkeit eines Bibelwortes, das Lieddichter inspiriert und (verkürzt, mitunter gereimt) den Sprichwortschatz etlicher Sprachen bereichert hat: „Des Menschen

Herz plant seinen Weg, doch der HERR lenkt seine Schritte" (Sprüche 16,9 Einheitsüberset-zung). Bert Brecht schrieb skeptisch dazu: "Mach nur einen Plan und sei ein großes Licht. Und mach noch einen zweiten Plan. Geh´n tun sie beide nicht."

Montaigne bekannte bevor er starb, sein Leben habe aus vielen Katastrophen bestanden. Eingetreten sei aber kaum eine.

Bescheidenheit hinsichtlich unserer prognostischen Möglichkeiten erscheint deshalb ange-messen. Bemerkenswert ist, dass „Plan" in Konkordanzen - beispielsweise zur Luther-Bibel - nicht vorkommt. Völlig unvorhersehbar war die Auswirkung des 11. September 2001, dass weltweit die Menschen in Kirchen, Synagogen, und Moscheen strömten.

Andererseits darf kein Verantwortungsträger der Wirtschaftspraxis heute auf eine Planung verzichten.

4.3   Evaluation

Wie erfolgreich war das Bemühen? War es von Wert und Gültigkeit (lateinisch/spanisch „valor", englisch „value")? Die Beurteilung menschlicher Leistung wird mit zeitlichem Ab-stand oft angemessener. „Was glänzt, ist für den Augenblick geboren, das Echte bleibt der Nachwelt unverloren." Goethes Worte sprechen gegen die Hochglanzseiten in den Medien. Blätter des Boulevards stilisieren oft Durchschnittsmenschen zu Stars.

In der Literatur zur Glücksforschung wird vor Vergleichen im privaten Leben gewarnt. Sie führen mitunter zu Unzufriedenheit. Beim Controlling im Betrieb sind Gegenüberstellungen von Daten äußerst aufschlussreich.

Um die Effizienz eines Prozesses ermitteln und somit den Prozessverlauf beurteilen und gegebenenfalls modifizieren zu können, wird das jeweils erreichte Ergebnis bestimmten Vergleichsgrößen gegenübergestellt.

Den anwendbaren Vergleichsgrößen entsprechend lassen sich folgende Ermittlungen der Effizienz unterscheiden:

4.3.1   Inter-prozessualer Ergebnis-Ergebnis-Vergleich

Wenn mehrere Prozesse unter vergleichbaren Bedingungen ablaufen, kann es sich als zweckmäßig erweisen, Relationen zwischen Ergebnissen der einzelnen Prozesse zu ermit-teln.

Die Excel-Zellen des Gesamtplans von Zeile B371 bis B373 zeigen beispielsweise die unterschiedlichen relativen Deckungsbeiträge für die drei Produkte. Ähnliche Möglichkeiten bieten die

    a. produktbezogenen absoluten Deckungsbeiträge (Zellen C292 - E298),
    b. produktbezogenen Break-Even-Werte (Zellen C312 bis C314),
    c. produktbezogenen KER-Werte (Zellen D396 bis F428),
    d. produktbezogenen Eliminations-Werte (Zellen D550 bis D599).

4.3.2   Intra-prozessualer Ergebnis-Ergebnis-Vergleich

Hier erfolgt das Vergleichen verschiedener Ergebnisse eines Prozesses miteinander im Zeitablauf. Zeitreihenanalysen ergeben sich aus dem Vergleich der Ist-Daten von Gesamtplänen aus verschiedenen Abrechnungszeiträumen – beispielsweise Jahren.

4.3.3   Ergebnis-Ziel-Vergleich

Hier wird eine erreichte Endsituation mit einer definierten Zielsetzung verglichen. Der Gesamtplan bietet an unzähligen Stellen die Möglichkeit, Vergleiche von Soll- und Ist-Werten anzustellen. Sie bilden die Basis für Abweichungsanalysen. Ein Erfolg zeigt, dass Analyse und Entscheidungen richtig waren. Ein Ansporn zu weiteren Anstrengungen. Dies gilt besonders auch für den letzten Aspekt.

4.3.4   Ergebnis-Anforderungs-Vergleich

Die erzielte Endsituation wird Anforderungen außerhalb des Systems gegenüber gestellt. Dieser Vergleich mit der Wirklichkeit kann mit dem Ergebnis-Ziel-Vergleich zusammenfallen – und zwar, wenn die Ziele von der Realität abgeleitet wurden. Auch verfügbare Daten der Wettbewerber sind hier nützlich.

4.4   Simulation

Das Beschreiten von Wegen erweist sich oft als langwierig und kostspielig. Mitunter gibt es Möglichkeiten der gedanklichen oder möglichst praxisnahen Simulation. Sie sollten genutzt werden. Vielleicht müssen sie erst erarbeitet werden. Der Modellbau von Flugzeugen ist beispielhaft. Ständig erscheinen verbesserte Versionen der schon existierenden PC-Programme.

Simulation kommt von „simulacrum" (= Bild, Trugbild, produktive Phantasie). Man denkt sofort auch an Theorie. Sie bildet ja ebenso die Realität ab.

Ein Simulacrum rekonstruiert seinen Gegenstand (Erkenntnisobjekt) neu. Dies bedeutet, dass die Art und Anzahl der Elemente, die beim Aufbau der Simulation verwendet wurden, bekannt ist. In der Technik entspricht dies einer Stückliste. Enthalten sind darin alle Bauteile. Es entsteht ein geschlossenes System. Auch beim Gesamtplan sind alle beteiligten Elemente bekannt und definiert.

Die angewandten Methoden sind:
  a.   Selektion (Abstraktion) und
  b.   Neukombination von Elementen.

Geschaffen wird ein neues Gebilde. Gleichsam ein Abbild der Wirklichkeit. Es entsteht eine „Welt, die der ersten ähnelt, sie aber nicht kopieren, sondern einsehbar machen will" (Barthes R.)

Eine detailgetreue Darstellung erweist sich zunächst für den noch Unkundigen oft als zu unübersichtlich. Ähnlich wie die oben erwähnte stark schematisierter Landkarte kann die Simulation bessere Orientierung liefern.

Das Simulacrum ist ein Merkmal der strukturalistischen Tätigkeit: „Das Ziel jeder strukturalistischen Tätigkeit besteht darin, ein ‚Objekt' derart zu rekonstruieren, dass in dieser Rekonstitution zutage tritt, nach welchen Regeln es funktioniert. Die Struktur ist in Wahrheit also nur ein simulacrum des Objekts".

Ein wichtiger Aspekt wird durch „simul" (= gleichzeitig - simultan) gekennzeichnet. Auch „similar" (= ähnlich, verwandt) stammt von Simulacrum. Die Ableitungen geben Einblick in das Wesen der Simulation.

Die rechnergestützte Simulation dürfte weiter an Bedeutung zunehmen. Zu ständig verbesserten Computern gesellen sich softwaretechnische Fortschritte. Auch verstärkt sich die Notwendigkeit für den vermehrten Einsatz von Modellen der Simulation. Zudem erzwingt der Markt vielfach schnellere Produktwechsel. Daraus entstehen kürzere Entwicklungs- und Planungszyklen. Anforderungen an Produktkomplexität und Variantenvielfalt wachsen. Ebenso die Ansprüche hinsichtlich der Flexibilität bei auftretenden Sonderwünschen. Damit einher geht oft ein steigender Kostendruck. Hauptanliegen ist deshalb, einfache Lösungen auszuarbeiten. Sie müssen eine entsprechende Anpassungsfähigkeit gewährleisten. Andererseits ist hinreichend einfache Bedienbarkeit wichtig.

Der Gesamtplan soll als ganzes der Simulation von Wirklichkeit dienen. Im Teil „Sensitivity" wird gezielt auf den Gesichtspunkt der Kausalität eingegangen. Es gilt, Risiken zu mindern und Kosten zu senken. Die Gefahr von Fehlinvestitionen lässt sich verringern. Die Frage „was wäre wenn" (what, if) kann man so mit geringerem Einsatz erhellen.

Der Gesamtplan benötigt verschiedene Parameter. Ein Grundgerüst wird aus Stammdaten erstellt. Es sind Benennungen für Zeilen und Spalten sowie bestimmte Eintragungen in die Zellen. Letztere ändern sich selten. Anders verhält es sich bei den Bewegungsdaten. Entsprechend regelmäßig sind diese Bewegungsdaten der sich ändernden Realität anzupassen. Sie können in die Tabelle von Hand eingegeben werden. Auch eine automatisierte Einspeisung aus Datenbanken bietet sich in der Praxis an. Andere Eintragungen werden durch Formeln bewirkt. Entsprechend sind bestimmte Ausschnitte des Gesamtplans doppelt abgebildet. Es gibt die Ansicht der
  a.   Werte und
  b.   Formeln.

Realisieren lässt sich letztere in Excel mit „Extras, Optionen, Ansicht und Formeln" oder mit der Tastenkombination „Strg und #".

Eine Simulation kann auch die Funktion eines Frühwarnsystems erfüllen. Im Betrieb gilt es, entstehende Verluste vor deren Eintritt zu erkennen. So lassen sich Fehlentwicklungen ausgleichen oder gar Konkurse vermeiden.

4.4.1   Vorgehensweise

Man versucht, einen Test vor dem Eintritt in die Wirklichkeit zu veranstalten. Es wird etwas ausprobiert.

4.4.1.1   Entschleunigung

Mitunter kann man durch Simulation langsam Effekte studieren. Manchmal gelingt es, simultan Ablaufendes in einzelne Prozesse zu zerlegen. So wird die Realität vereinfacht. Wir erinnern uns an das kiss-Prinzip (analoge Überlegung unter „4.2. Entscheidung"). Kompliziertes läßt sich leichter einüben.

Transparenz wird verbessert. Man gewinnt Einsicht in komplexe Prozesse. Es tritt zutage, nach welchen Regeln ein komplexes Gebilde funktioniert.
Wenn man in Ruhe etwas durchspielen kann, fördert dies die Kreativität. Das Gefährliche der Ernst-Situation entfällt. Mitunter wären bestimmte reale Tests nicht zulässig. Auch ein erhöhter Adrenalin-Spiegel führt eher zum Auftreten von Fehlern.

4.4.1.2   Zeitraffer

Sinnvoll kann sein, mehrere Perioden in einem überschaubaren Modell gerafft darzustellen. Es stellt sich die Frage:
Was könnte alles passieren? Im Gesamtplan wird als Abbild der Ertragssituation unter anderen folgende Formel eingesetzt:
$$\ddot{U} = m * (p - kv) - KF$$
Überschuss gleich Menge mal Preis minus variable gesamte Stückkosten minus Fixkosten (beispielsweise in der Zelle B441). Aus den jeweiligen Zahlen lässt sich eine Grafik erstellen (Abbildung C-18: Sensibilitäts-Analyse–Diagramm). Der Variablen mit der größten Steigung dürfte das größte Gewicht zukommen. Ihr muss demnach die höchste Aufmerksamkeit gelten.
Mitunter wissen wir nicht im voraus, ob Bemühungen zum Ziel führen. Als Beispiel seien Forschung und Entwicklung genannt. Man begibt sich auf Neuland. Personeller, sachlicher und ideeller Aufwand erreichen oft hohe Werte. Gerade Erfinder haben häufig ihre ganze Lebensenergie einer Aufgabe gewidmet. Ob letztlich ein Erfolg - und wenn ja welcher - erzielt wird, ist ungewiss. So sollte in der Pharmabranche ein Herzmittel entwickelt werden. Ein unerwartetes Forschungsergebnis brachte letztlich aber hohe Gewinne.

Ein Ziel war in der Elektroindustrie, die radioaktiven Strahlen durch weniger gesundheitsbelastende Verfahren der Bildgebung zu ersetzen. Zuerst gab es Jahre der Dürre. Nötig waren hohe Kosten und das Überwinden von Frustrationen. Letztlich gelang die Entwicklung von Computer-Tomografen. Die Simulationen im Labor spielten eine wichtige Rolle. Ein Ziel-Erreichung bestätigt auch bei Simulationen, dass die Bemühungen angemessen waren. Die Motivation durch Freude am Gelingen verbessert sich wie in der Ernst-Situation.

4.4.1.3   Schritte

Durch das Hinzuziehen von Zufallszahlen werden für eine Rechengröße mögliche Verteilungen der Wahrscheinlichkeit gebildet. Nach Busse von Colbe (1991, S. 478) vollzieht sich das Verfahren in folgenden Schritten:
1) Ermittlung der relevanten unsicheren Einflußgrößen ...,
2) Schätzung der Wahrscheinlichkeitsverteilung der einzelnen Inputgrößen,
3) Ermittlung von Werten der Einflußgrößen entsprechend der Chance ihres zukünftigen Auftretens mit Hilfe eines Zufallsgenerators,
4) Berechnung der Zielgröße für jede Wertekombination,
5) Wiederholung des Simulationsprozesses bis genügend Werte zur Bestimmung der Häufigkeitsverteilung der Zielgröße vorliegen und
6) Ableitung der Wahrscheinlichkeitsfunktion der Zielgröße.

4.4.2   Grenzen

Simulation ist oft nicht möglich. Man muss sich auf die Ernst-Situation einlassen.
Beispiel: Die Konstruktion des A380 wurde jahrelang auch durch Simulation am Computer unterstützt. Dennoch bereitete man beim Erstflug die Türen der Maschine für einen Notausstieg mit Fallschirmen vor.

Eine Investition ähnelt einer Luft- oder Seefahrt. Sicherer Boden wird verlassen. Ob und wie man zurück kommt, ist ungewiss. Dieser Gedanke spielt bei der Pyramide des „Return on Investment" eine Rolle (Gesamtplan ab Zeile 504).

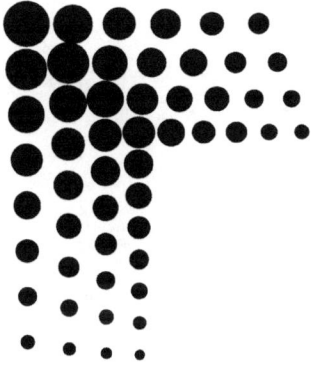

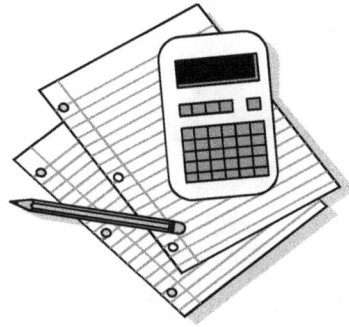

Anhang

Abkürzungsverzeichnis

Aufl. = Auflage

a. a. EL. = andere aktivierte Eigenleistungen

a. a. O. = am angegebenen Ort

a. o. = außerordentlich

AB = Anfangsbestand

Abg. = Abgang

Ab(schr). = Abschreibung

AfA = Absetzung für Abnutzung

AHK = Anschaffungs-/Herstellungskosten

akt. = aktiv

AktG. = Aktiengesetz

Aufn. = Aufnahme

Aufw. = Aufwand

Ausg. = Ausgabe(n)

B-Jahr = Berichtsjahr

BCF = Brutto-Cash-Flow

BCG = Boston Consulting Group

BE-Menge = Break-Even-Menge

Be.-Erg. = Betriebsergebnis

Besch. = Beschäftigte(r)

betr. = betrieblich

BGA = Betriebs- und Geschäftsausstattung

BiRiLiG = Bilanzrichtlinien-Gesetz

Bit = binary digit (Dualzahl)

BNK = betriebsnotwendiges Kapital

BWA = Betriebswirtschaftliche Auswertung

CF = Cash-Flow

CPU = Central Processing Unit (Zentraleinheit)

DB = Deckungsbeitrag

degr. = degressiv

Dialogf. = Dialogfenster

Diff. = Differenz

DKV = Gesamtkostenverfahren

E = Erfüllungsgrad

EDV = Elektronische Datenverarbeitung

EE = Einkommen und Ertrag

Eing. = Eingang

Einh. = Einheit

EK = Eigenkapital

EKP = Einkaufspreis

erh. = erhalten

FBG = farbig

FiKo = Fixkosten

FiKo(g) = Gesamtfixkosten

FIP = Finanzplan

FK = Fremdkapital

GAA = Gesamtanzahl der Aufträge

GAK = Gesamtanzahl der Kunden

geom. = geometrisch

ges. = gesamt

Ges.-Kto. = Gesamtkonto

GewSt. = Gewerbesteuer

ggü. = gegenüber

GK = Gesamtkapital

GoB = Grundsätze ordnungsgemäßer Buchführung

GrSt. = Grundsteuer

GuV = Gewinn- und Verlustrechnung

GWG = Geringwertige Wirtschaftsgüter

HGB = Handelsgesetzbuch

hist. = historisch

HK = Herstellkosten

Hrsg = Herausgeber

Immat.Verm. = Immaterielles Vermögen

Inv. = Investition

J. = Jahr

jährl. = jährlich

JÜ = Jahresüberschuß

K.-Skonto = Kunden-Skonto

KB = Kilobyte

kalk. = kalkulatorisch

Kap. = Kapital

Kapitalw. = Kapitalwert

Keza = Kennzahl

kfr. = kurzfristig

KISS = Keep it simple and stupid

KU = Kapitalumschlag

kum. = kumuliert

LIM = Limited Information

L.-Skonto = Lieferer-Skonto

L./L. = Lieferungen und Leistungen

lfd. = laufend

lfr. = langfristig

LPA = Leser pro Ausgabe

LR = links/rechts

MAW = Mindestauftragswert

MHerh. = Mittelherkunft

MFO = Mehrfachoperation

MI = Mittel

MM = Maschinen-Minute

M(Stk) = Menge (Stück)

MVerw. = Mittelverwendung

NCF = Netto-Cash-Flow

nichta. = nichtausgeschüttet

NuDau = Nutzungsdauer

o. A. = ohne Abschreibung

opt. = optimal

OU = oben/unten

o. V. = ohne Verfasser

o. Vorn. = ohne Vorname

p.a. = pro Jahr (pro anno)

pass. = passiv

PdR = Praxis des Rechnungswesens

PIMS = Profit Impact of Market Strategies

planm. = planmäßig

PLK = Praxislexikon Kostenrechnung

RAP = Rechnungsabgrenzungsposten

Rep.-K. = Reparaturkosten

ROI = Return On Investment

Rück = Rücktaste (Backspace)

Rz = Randziffer

SAV = Sachanlagevermögen

SB = Schlußbestand

SDB = Summendeckungsbeitrag

SEC = Securities and Exchange Commission

SGE = Strategische Geschäftseinheit

Si-Grad = Sicherheitsgrad

sonst. = sonstig(e)

Std. = Stunde

Stk. = Stück

SU. = Summe

S/W = schwarz/weiß

u. a. = unter anderem

U-St(euer) = Umsatz-Steuer

UGR = Umsatz-Gewinn-Rate

UKV = Umsatzkostenverfahren

UM = Umsatz

U.-M. = Umsatzmenge

UV = Umlaufvermögen

var. = variabel

var. Kosten (g.) = variable Gesamtkosten

Verb. = Verbindlichkeit

verb. U. = verbundene Unternehmen

vgl. = vergleiche

viertelj. = vierteljährlich

VKP = Verkaufspreis

VK = Verrtriebskosten

VKW = Verkäuferwahl

VLS = Verkaufsleiter-Service

W = Wichtigkeit

WB = Wertberichtigung

WC = Working Capital

W/U = Werbeaufwand zu Umsatz

Zuschr. = Zuschreibung

Literaturverzeichnis

Altman, E. I.: Corporate Financial Distress, New York etc. 1983

Anthony, V.: Management control systems, 10. A, Boston 2001

Aristoteles: Metaphysik, ins Deutsche übertragen von Lasson, A. Jena 1907

Bitz, Michael: Übungen in Betriebswirtschaftslehre, 5. A., München 1999

Buggert, W.: Kosten- und Leistungsrechnung, Darmstadt, 9. A., 1988

Busse von Colbe, W. (Hrsg.): Lexikon des Rechnungswesens, 2. A., München-Wien 1991

Corsten, H.: Lexikon der Betriebswirtschaftslehre, 4., durchges. A., München-Wien 2000

Coenenberg, A. G.: Kostenrechnung und Kostenanalyse, 5. A., Stuttgart 2003

Copei, F.: Der fruchtbare Moment im Bildungsprozess, Heidelberg 1969

Diller, H.: Vahlens großes Marketinglexikon, München 1992

Dörrie, U./ Preissler, P. R.. : Grundlagen Kosten- und Leistungsrechnung, 6. A., Landsberg/Lech, 1999.

Eckhart: Meister Eckharts mystische Schriften, übersetzt von Landauer, G., Berlin 1903 (bzw. Taschenbuch-Neuausgabe Frankfurt/M. 1991)

Egger, A.-*Winterheller*, M.: Kurzfristige Unternehmensplanung, 13. A., Wien 2004

Feldbauer-Durstmüller, B./*Wolfsgruber*, H.: Wertorientierte Konzepte für mittelständische Unternehmen, in: *Schauer*, R./Kailer, N.-*Feldbauer-Durstmüller*, B. (Hrsg.): Mittelständische Unternehmen. Probleme der Unternehmensnachfolge, Linz 2005

Fromm, E.: Haben oder sein, 13. A., München 1983

Groll, K-H.: Erfolgssicherung durch Kennzahlensysteme, 3. A., Freiburg 1989

Grün, A.: Benedikt von Nursia, Münsterschwarzach 1979

Grün, A.: Der Anspruch des Schweigens, Münsterschwarzach 1984

Grün, A.: Einreden, Münsterschwarzach 1983

Guilford, J. P.: Persönlichkeit - Logik, Methodik und Ergebnisse ihrer quantitativen Erforschung, Weinheim 1964

Haas, P.: Einführung in Open Access III: Kalkulation - Grafik - Datenbank – Textverarbeitung, Heidelberg, 1991

Haas, P.: Marketing mit Excel, München/Wien, 1999, 2. A.

Haas, P.: Kosten, Investition, Finanzierung – Planung und Kontrolle mit Excel, München/Wien, 2000, 3. A.

Haas, P.: Praxisgerechte EDV-Ausbildung, zusammen mit *Berke* R. und *Hertel* H.-D., Frankfurt/Main 1971

Haas, P.: Selbstfindung, Aschaffenburg 2003

Haas, P.: Tabellenkalkulation im Betrieb mit OAIII, Bad Krozingen, 1991

Haas, P./Weber, R.: Controlling mit Excel: Erfolgskontrolle und Bilanzanalyse, 2.., Vaterstetten, 1993

Halder, A.: Philosophisches Wörterbuch, Freiburg 2000

Hall, S.: Macroeconomics and a bit more reality; in The Economic Journal, 1995, 105, S. 974 bis 988

Hammarskjöld, D.: Zeichen am Weg, München 1965

Harder, G.: Vernunft, in: Coenen, L.: Theologisches Begriffslexikon, Wuppertal 1986, 4. A., S. 1288 bis 1294

Hax, N.S.: The strategy concept and process - a pragmatic approach, 2. A., Upper Saddle River, NJ, 1996

Hegel: Rezensionen aus den Jahrbüchern für wissenschaftliche Kritik, Frankfurt a. M. 1979

Heidegger, M. : Sein und Zeit, 7. A., Heidelberg 1953

Heine, H.: Werke, Frankfurt a. M., 5. A., 2002

Heintel, P.-*Krainz*, E.: Projektmanagement: Eine Antwort auf die Hierachiekrise? Wiesbaden 2000

Hesse, H.: Das Glasperlenspiel, Frankfurt/M. (1943) 2002

Hesse, H.: Der Steppenwolf, Frankfurt/M. 1974

Hesse, H.: Siddhartha, Frankfurt/M. 1974

Hill, W./*Rieser*, I.: Marketing-Management, Stuttgart 1990

Horvátth, P.: Controlling, München 1990

Hummel, S./*Männel*, W.: Kostenrechnung Band 1, 4. A., Wiesbaden 1995; Kostenrechnung Band 2, 3. A., Wiesbaden 1993

John, E.: Marketing-Prüfliste (RKW), Eschborn 1983

Johnston, J.: Econometric Methods, Auckland 1986

Kerth, K.- *Pütmann*, R.: Die besten Strategietools in der Praxis - welche Werkzeuge brauche ich warum? Wie wende ich sie an? Wo liegen die Grenzen, 2. A., München 2007

Kilger, W.: Flexible Plankostenrechnung und Deckungsbeitragsrechnung, Wiesbaden, 1988, 9. A.

Kluge, F.: Etymologisches Wörterbuch, 23. A., Berlin/New York 1995

Kruschwitz, Lutz: Investitionsrechnung, 8. A., München 2000

Küpper, H. U.: Industrielles Controlling; in: *Schweitzer*, M. (Hrsg.): Industriebetriebslehre, 2. A., München, 1994

Macha, Roman: Grundlagen der Kosten- und Leistungsrechnung, Frankfurt 1998

Meyer, R.: Ein ökonometrisches Prognose- und Simulationsmodell der elektromedizinischen Industrie der BRD, Frankfurt am M.-Berlin Bern-Bruxelles-New York-Oxford-Wien 2000

Nouwen, H. J. M.: Ich hörte auf die Stille, 18. A., Freiburg-Basel-Wien 2001

Ossadnik, W.: Controlling, München-Wien 2006

Pascal, B.: Gedanken, herausgegeben von: *Armogathe*, J.-R., übersetzt von: *Kunzmann*, U., Stuttgart 1997

Ponticus, E.: Praktikos – Über das Gebet, Münsterschwarzach, 1986

Popper, K.: Die offene Gesellschaft und ihre Feinde (Band 1), Stuttgart 1992

Pepels, W. (Hrsg.): Prüfungstraining für Wirtschaftsstudierende, Herne/Berlin 2000

Perridon, L./ Steiner, M.: Finanzwirtschaft der Unternehmung, 11. A., München 2002

Radbruch, G.: Rechtsphilosophie (1932), (hrg. von *Dreier*, R./*Paulson* S. L.) Heidelberg 1999

Riebel, P.: Einzelkosten- und Deckungsbeitragsrechnung, 7. A., Wiesbaden 1994

Rosenberger, O./ Weber, W. : Betriebliches Rechnungswesen, München, 1992, 3. A.

Samuelson, P. / *Nordhaus*, W.: Volkswirtschaftslehre, Übers. der 5. Amerikanischen A., Wien 1998 bzw. 3. A. Köln 1964

Seicht, G.: Moderne Kosten- und Leistungsrechnung, 11. A., Wien 2001

Seifert, H.: Einführung in die Wissenschaftstheorie, München 1971

Schelle, H.: Projekte zum Erfolg führen. 2. A., München 2001

Schierenbeck, H.: Grundzüge der Betriebswirtschaftslehre, 15. A., München 2000

Schmid, W.: Philosophie der Lebenskunst, Frankfurt/M. 1998

Schneck, O.: Betriebswirtschaftslehre, 2. aktualisierte A., Frankfurt 1999

Schweitzer, M. / *Küpper*, H.-U.: Systeme der Kosten- und Erlösrechnung, 8. A., München 2003

Schröder, H.: Controlling – Entscheidungshilfen für die Praxis, Stuttgart, 1989

Shank J. K./Govindarajan V.: Vorsprung durch strategisches Kostenmanagement, Landsberg/Lech 1995

Shy, O.: Industrial Organization – Theory and Applications, London 1995

Sturm, R.: Allgemeine Betriebswirtschaftslehre, München-Wien 2006

Weber, J.: Einführung in das Controlling, 11. A., Stuttgart, 2006

Wilde, H./Haas P.: Controlling/Kostenrechnung; in: *Pepels, W. (Hrsg.)*: Prüfungstraining für Wirtschaftsstudierende, Herne/Berlin 2000, S. 40 bis 45 und S. 213 bis 227

Wildemann, H.: Strategien zur Realisierung „schlanker Strukturen" in der Produktion, München 1994

Wildemann, H.: Systemorientiertes Controlling schlanker Produktionsstrukturen; in: *Wildemann, H (Hrsg.)*: Lean Management, München 1992, S. 5 bis 31

Wöhe, G.: Einführung in die allgemeine Betriebswirtschaftslehre, 21. A., München 2002

Wöhe, G./ *Bilstein*, J.: Grundzüge der Unternehmensfinanzierung, 9. A., München 2002

Wulff , P.: Industrielle Kostenrechnung, Berlin 2006

Zsckocke, D.: Betriebsökonometrie – Stochastische und technologische Aspekte, Würzburg-Heidelberg 1974

Stichwortverzeichnis

www.ingramcontent.com/pod-product-compliance
Lightning Source LLC
Chambersburg PA
CBHW061818210326
41599CB00034B/7043